이대로 **살다**
갈 수는 **없**잖아

이대로 살다 갈 수는 없잖아

초판 1쇄 2020년 12월 22일

지은이 김순길 | **펴낸이** 송영화 | **펴낸곳** 굿위즈덤 | **총괄** 임종익

등록 제 2020-000123호 | **주소** 서울시 마포구 양화로 133 서교타워 711호

전화 02) 322-7803 | **팩스** 02) 6007-1845 | **이메일** gwbooks@hanmail.net

© 김순길, 굿위즈덤 2020, *Printed in Korea*.

ISBN 979-11-972282-9-2 03190 | 값 **15,000원**

이대로 **살다**
갈 수는 **없**잖아 _____ **김순길** 지음

굿위즈덤

가치 있는 삶을
살기 위해
최선을 다하라

주어지는 생활의 흐름대로 열심히 일만 하며 살아왔던 일상이 코로나 19의 여파로 하던 일마저도 이어갈 수가 없게 되었다. 순간, 중년을 넘긴 나이가 되도록 사는 대로의 삶 속에서 하루하루 사는 것에 급급해 허둥지둥 바쁜 나날들로 제자리걸음을 하는 나 자신을 돌아보게 되었다.

젊은 날은 본의 아니게 진 빚 때문에 빚을 갚기 위해 눈물겹도록 절약해야만 하는 생활로 제대로 쉬지도 못하고 치열하게 삶과 사투를 해왔다. 정해진 시간에 끼니조차도 챙겨 먹지 못하며, 살기 위해 허덕여야 했다. 어느새 세월이 훌쩍 흘러서 들판에 외로이 서 있는 허수아비가 나의 실체처럼 느껴지며 허망할 따름이다.

인생 절반을 숨가쁘게 앞만 보고 살아온 덕분에 빚쟁이란 멍에를 벗을 수 있었다. 가난한 환경 속에서도 인성 바르게 잘 자라준 아이들과 부족함 없는 생활의 터전을 이루기도 했다. 그 대가로 나의 인생 절반 이상을 송두리째 바쳤다.

아무도 알아주는 이 없는 서글픔이 몰려왔다. 더 늦기 전에 나 자신의 인생을 위해 살아보고 싶다는 불씨가 가슴 한쪽에서 피어오르고 있다. 반복되는 일상을 벗어나 내가 원하고 진심으로 이루고 싶은 꿈을 향해 발돋움하며 다가올 미래의 나 자신에게 왕관을 씌워주기 위해 흐르는 시간을 허투루 보내지 않으려 한다. 정상에 오르기 위해 최선을 다하는 성공자의 오늘을 살며, 내일을 살아가기 위한 준비를 해나간다.

10년 정도 앞당겨서 나의 실체를 돌아봤더라면 지금쯤은 탄탄한 기반이 다져져 있을 것이라는 생각이 든다. 미래를 내다볼 줄 아는 지혜가 부족했고 무지했던 나약한 정신은 '생각해서 사는 삶이 아닌 사는 대로 살아가는 시간'으로 나를 이끌었다.

새로운 삶을 구축해가는 일이 늦었다는 생각이 들기도 하지만, 나에게 는 가장 빠른 시작이며 인생의 중요한 갈림길에서 나만을 위한 선택의 길로 가치 있는 삶을 살고자 노력해나간다.

가족과 가정을 위해 살아온 삶은 세월의 흔적만을 남겼을 뿐이다. 나 자신의 꿈은 나만이 이룰 수 있다.

인생 절반을 넘게 해오던 직장생활을 언제까지고 할 수 있다는 보장은 없다. 그러나 새롭게 내가 가야 할 길을 찾기란 그리 쉬운 일이 아니었 다. 하지만 의미 없이 사는 대로 살아지는 삶을 살다 갈 수는 없다는 생 각에 수많은 길을 돌아 내가 갈 길을 찾아야 했다.

우리 모두는 100세 시대를 살고 있다. 바라보는 생명표의 평균 수명은 더 길어질 것이다. 남은 절반의 인생을 더 살아가야 한다면 제2, 제3의 삶을 살아갈 준비를 해야 한다.

남은 삶의 긴 여정을 할 일 없이 살아간다는 것은 생각조차 하고 싶지 않은 일이다. 모든 사람이 늦은 나이까지라도 할 수 있는 일, 하다못해 취미 삼아 하는 활동이라도 어떤 것이든 자신에게 맞고 어울리는 것으로 소일할 수 있는 일들을 내 것으로 만들어 삶의 길을 가야 한다.

많은 날들을 살아오면서 미래에 살아갈 대책은 아무것도 이루어놓은 것이 없다. 그렇다고 커다란 탑 같은 대책을 원하는 것도 아니다. 내가 하고 싶고 원하는 일을 하기를 바란다. 간절히 원하면 이루어진다고 하듯이 꿈으로만 간직하고 있던 책을 쓰는 작가의 길을 가려고 마음을 다잡고, 하루라도 빨리 하고 싶었던 소망을 이루기 위해 급한 마음으로 달려가고 있다.

모든 것은 '생각하고 마음먹기에 달렸다'라는 말처럼 책 쓰기 공부를 마치고 한 달 만에 첫 번째의 책을 완성시켰고, 얼마 지나지 않아 두 번째의 책을 출간하며, 벌써 세 번째 책의 인사말을 올리게 되었다. 책을 쓰는 일에 생각을 집중하며 모든 잡념을 없앨 수 있었고 예전에 일하지 않으면 불안하고 두려워했던 중독 같은 삶에서도 벗어날 수 있게 되었다. 간절히 소원하던 책을 쓰게 되면서 가슴 언저리에 자리잡고 있던 아픔의 상처들도 스스로 치유되었다. 또한 많은 위안을 받기도 했다.

내가 행복을 느끼자 가족 모두 평안한 생활을 하게 되었고 행복해하며 눈빛만으로도 사랑한다는 언어가 전달되었다.

이 세상 모든 사람이 한 번 왔다 가는 소중한 인생을 살아간다. 이왕이면 의미 있고 가치 있는 삶을 살아가기를 원할 것이다. 누구나 특별하게 태어난 사람은 없다. 자신이 특별하고 가치관을 높게 잡고 자신의 인생을 설계해나갈 때 상위권의 특별한 사람으로 거듭날 것이다. 할 수 있고 가장 하고 싶은 일을 하게 되면 반드시 이루어진다. 내가 해낼 수 있는 일을 소망하기 때문이다.

코로나19로 많은 사람이 불안한 사회 분위기 속에서 살아가고 있다. '위기는 기회의 다른 이름'이라는 말처럼 위기 속에서 자신이 간절히 소망하는 일을 찾을 기회가 주어질 것이라고 믿는다.

행복한 마음으로 책을 쓰는 동안 언제나 잊지 않고 사랑과 용기와 응원의 찬사를 보내준 가족과 친지, 지인들에게 감사를 드린다. 오늘보다 더 나은 가치 있는 미래의 삶을 위해 노력하며 준비해나갈 것을 다짐해본다. 그리고 세 번째 책에 이어 앞으로 더 좋은 책을 쓸 것을 계획하며 항상 책과 함께하는 행복한 삶을 살아갈 것이다.

2020년 12월 김순길

　이대로 살다 갈 수는 없잖아

목 차

1장

후회 없이
살기 위해
최선을 다한다

2장

소망하면
기회는
반드시 온다

5장

늦었지만
나는
시작한다

후회 없이
살기 위해
최선을 다한다

무지개를 보려면
비를 참고 견뎌야 한다

현실의 삶을 지탱하기 위해 바쁘게 움직이면서 외부 세계를 향해 질주하지만,
정작 내면을 들여다보며 나 자신을 찾고 나만의 정원을 돌아볼 여유는 없다.

– 윌리엄 제임스 –

생각해보면 살아오는 동안 하루도 바쁘지 않은 날이 없었던 것 같다.

어느 누가 뒤쫓아 오는 것도 아닌데 허둥지둥 하루를 시작하며 지친 몸으로 잠이 들곤 했었다. 무엇을 위해서 살아가고 있는 것인지도 모를 만큼 사는 대로 살아온 날들이었던 것 같다. 생각 없이 무지한 날들을 보내면서 되돌릴 수 없는 세월의 시간을 흘려보냈다. 후회하기보다는 진짜인 나를 찾기 위해 또다시 바빠지는 마음이 앞서가고 있다. 전혀 준비되지 않은 상태로 나를 찾기 위해 달려들고 있다고 표현해야 맞는 말 같다.

나를 잊고 살아온 날들이 너무나 아까워 하루라도 빨리 나의 모습으로 되돌려놓고 싶은 마음인 것이다. 앞서가는 마음을 다잡고 후회하지 않는 선택의 길이 되기 위해 조금이나마 마음의 여유를 가지며 하루하루 최선을 다하는 날들을 보내려 한다. 크게 느껴보지 않았던 시간의 소중함을 깊이 있게 알게 되었고 어떻게 내 시간으로 만들어 쓸 것인가를 생각하며 헛되이 흘려보내는 시간을 만들지 않는다.

누구나 생각대로 살 수 없는 것이 인생일지도 모른다. 그러나 사는 대로 사는 것이 아닌 생각해서 사는 사람은 값어치 있는 삶을 살아가는 사람일 것이다. 예전에 나는 정확한 목표와 꿈이 설정되어 있지 않았다. 어느 순간 인생 중반을 넘어가는 나를 돌아보고 어느 사이에 벌써 중년을 넘어가고 있다는 생각에 아차 하는 마음으로 다급해지기 시작했다. 부랴부랴 나를 찾기 위해 발자국을 내딛게 되었다.

뜻이 있으면 길이 있다고, 오래전에 가슴 한쪽에 접어둔 꿈이 나를 일으켜 세우고 있었다. 나는 기다렸다는 듯이 한 치의, 망설임도 없이 내 인생의 2막의 성공을 위해 숙제를 풀어나가고 있다. 살아온 삶에서 겹겹이 쌓인 시련과 고난의 경험들이 자산이 되어 제2의 남은 인생의 주춧돌이 되어주고 있다. "시작이 반이다."라고 했듯이 벌써 세 번째의 책을 쓰고 있다. 무지개를 보려면 비를 참고 견뎌야 한다는 말을 실감하고 있다.

지금, 이 순간도 어떻게 살 것인가를 생각하며 오늘 하루에 내가 해야 할 일을 점검한다. 무심코 흐르는 시간에 따라 살게 되면 시간을 잃어버리는 하루가 될 것이다. 나태해지려는 자신을 추스르며 발전해가는 나를 만들기 위해 내면과 투쟁을 하며 주저앉지 않으려 안간힘을 쓴다. 지난날로 되돌아가서는 안 된다는 결심을 하며 내가 선택한 제2의 삶의 길을 후회 없이 살기 위해 긴장을 하며 정신을 가다듬는다.

나 스스로 내 길을 이루어가지 않으면 아무도 대신해주지 않는다. 그렇다고 물 흐르듯이 이대로 살다 가기엔 너무 허무한 인생이지 않은가! 살아가고 있는 이상 꿈이 있고 이루고자 하는 명확한 목표가 있다면 누구나 활기찬 날들을 맞이할 것이다. 지난날이 더욱 힘들게 느껴졌던 것은 명확한 꿈이 없고 목적을 두고 있는 것이 미약했던 이유다. 조금 늦었다고 생각이 들 때 나를 돌아보며 내가 하고 싶은 일을 한다는 것이 나에게 가장 큰 위로가 되어주고 있다. 지금 이 자리까지 오는 동안 얼마나 많은 고생을 해왔던가! 사회 경험이 없는 탓으로 잘 알지도 못하는 사람을 의지할 곳 없는 타지에서 관심을 둔다는 자체만으로 믿었던 나약한 사고방식 때문에 순식간에 빚더미를 걸머지게 되었고 삶을 벼랑 끝에서 바라보는 각박한 현실을 살아야 했었다.

그렇게 시작된 빚이라는 굴레를 벗어나는 시간은 오래도록 나를 묶어

놓고 있었다. 엎친 데 덮친 격으로 남편의 잘못된 사업으로 빚더미는 더 큰 눈덩이로 다가왔고 빚을 갚기 위해 살아가는 처지가 되어버렸다. 지금 돌아보면 '어떻게 살아왔을까?' 하는 의문이 생긴다. 인생 절반의 세월을 그렇게 살기 위해 하루하루를 바쁘게 일만 하는 사람으로 보내야 했다. 하지만 힘든 삶을 살아온 덕으로, 꿈을 이루기 위해 노력하며 살고 있는 자신에게 용기와 응원을 보낸다. 무지개를 보기 위해 비를 참고 견뎠던 세월들이 보배로운 자산이 되어주었다.

사람들은 많은 것들을 바란다. 성공을 꿈꾼다. 잘살고, 누리며, 배우고, 베풀며 살기를 원한다. 하지만 일부 사람들만이 바라는 것들을 이루며 산다. 그런 사람들은 분명한 목표 의식을 가지고 행동하는 사람들이다. 그들의 의식은 바라는 것들을 현실 세계로 끌어온다. 그들은 그 모습으로 현재를 살고 있다. 이미 자신이 원하는 것들을 이룬 것처럼, 반면 그렇지 않은 사람도 있다. 매일 열심히 사는 것처럼 보이지만 제자리만 맴돌고 있는 사람도 있다.

네빌 고다드는 말했다.

"목적 있는 삶을 살고 있는지를 알고 싶다면 여러분이 내면의 세상에서 움직임을 만들고 경험한다는 인식과 뚜렷함을 지니고, 여러분의 상상력을 이미 소망이 이루어졌다는 느낌과 행동에 집중하는지를 통해 알 수 있습니다."

"하나의 가정이 사실이 아닐지라도 계속 간직한다면 사실로 굳어질 수 있습니다. 그리고 꾸준히 계속해서 상상하는 것만으로도 모든 것을 이룰 수 있습니다."

전 세계 수백만 명의 인생을 바꿔준 작가이자 강연가인 지그 지글러 역시 같은 주장을 펼쳤다.

"목표에 도달하고 싶으면 이미 그 자리에 도달한 자신의 모습을 상상해야 한다."

내가 되고 싶은 것, 갖고 싶은 것 등 바라는 것들은 내 마음속에 이미 인식되어 있다. 다만 내가 못 볼 뿐이다. 어떤 사실을 계속 말하면, 즉, 한 가지 믿음을 계속 가지고 있으면 정말 그렇게 된다는 것이다.

〈한국책쓰기1인창업코칭협회〉 김도사님은 '늦게 시작해서 성공하는 5가지 비결'이 있다고 한다.

첫째, 확고한 꿈을 정한다.

둘째, 우주의 법칙을 공부한다.

셋째, 꿈은 이미 이루어졌다고 믿는다.

넷째, 꿈이 현실에 나타나기까지 버퍼링 시간을 갖는다.

다섯째, 꿈이 실현되었을 때 느끼게 될 감정을 생생하게 느낀다.

"꿈을 실현하는 방법은 간단하다. 나는 이러한 비결로 보통 사람들은 상상도 못 하는 꿈들을 실현했다. 이대로 지속적으로 실행한다면 꿈은 현실로 나타나게 된다. 내가 조언하는 대로 그냥 믿고 실행해보자. 당장 믿고 실행하느냐, 하지 않느냐에 당신의 미래가 결정된다."

책을 쓰기 위해 김도사님을 만났고 김도사님께 우주의 법칙에 대해서 가르침의 도움을 많이 받았다. 그로 인해 의식을 변화시키며 상상의 힘으로 이미 작가가 되어 성공한 미래의 내 모습을 현실로 이루어진 것처럼 받아들였다. 그 결과 몇 개월이 지난 지금 이미 나는 세 번째의 책을 쓰고 있다. 꿈이 이미 이루어졌다고 믿은 결과 꿈은 이루어져 있었다. 무지개를 보려면 비를 참고 견뎌야 했던 결과물을 얻은 것이다.

02

기적을 이루는
예쁜 입

사람을 가장 감동시키는 것은
가슴속에서 우러나오는 말이다.

― 요한 볼프강 폰 괴테 ―

화초에 '사랑합니다'라는 말을 하면 죽어가던 식물도 살아난다….

말의 파동은 전자파보다 3,300배나 더 강력하다. 항상 하는 말이지만 생각하며 선한 말, 좋은 말을 해야 한다. 말을 듣는 상대방 처지를 생각하여 말을 해야 한다. 성경에서는 '혀의 권세가 있다'고 한다. 그만큼 말은 큰 힘을 가지고 있다. 생각하여 말을 하고 생각하는 것과 이루어야 할 일들을 종이 위에 적어 가장 눈에 잘 띄는 곳에 붙여 두고 수시로 보며 머릿속에 새겨 넣는다.

아침에 하루 일정 계획을 설정해놓고 하루를 시작하면 시간을 헛되이 보내지 않게 된다. 그런 날들이 쌓여서 좋은 결과물을 성취할 수 있다. 말도 마찬가지다. 말로 약속을 한다든지, 무엇을 어떻게 한다든지 하는 말 모두가 책임을 져야 하는 말의 법인 것이다. 했던 말에 따라 그 말에 책임을 지기 위해 생각하며 행동에 옮기게 된다. '풍요로운 인간이 풍요로운 인생을 쌓아 올린다.'라는 말처럼, 인성을 고양시키고 넉넉한 인간이 된다면 풍요로운 인생은 실현된다. 어떤 사람이 될 것인지 무엇을 하며 살 것인지에 대해 생각하고 자신에게 맞는 길을 찾아 행동에 옮기는 것이 인생의 설계도를 구축해나가는 것이다.

서양 말로 "생각은 실체화된다(thoughts become things)."는 것이 있다. 한국 말로는 "말이 씨가 된다"가 있다. 말하면 말한 대로 된다. 성경에도 "태초에 말씀이 있느니라, 이 말씀이 하나님이시라." 부처님 말씀은 "현재 나는 내 생각의 소산이다." 생각은 머릿속에만 있는 것이 아니고 물리적 현상으로 발현할 수가 있다. 이것이 생각의 비밀이며 생각이 어떤 힘을 가졌는지를 말한다. 글로 적은 목표나 꿈을 소리 내어 입으로 이야기하는 것만으로도 자신의 꿈에 현실적으로 접근할 수 있다.

– CEO 메이커, 작가, 한국상장기업 최대 주주 김승호 회장 〈생각은 물리적인 힘이다〉 특강

지금 보이는 모든 것들은 이미 누군가의 상상으로 만들어졌다. 우리는

다른 사람들의 상상 속에 살고 있다. 사실 우리는 우리가 현실 속에 살고 있다고 생각을 하지만 우리가 생각하지 않으면 어떤 것을 깊게 생각하는 사람들의 상상 속에 우리는 살게 된다. 우리가 아무런 상상을 하지 않을수록 우리는 여전히 다른 사람들의 상상물 속에서만 살게 된다. 그런데 다행인 것은 여러분 모두 각자 한 분, 한 분들이 자신이 원하는 것을 만들 수 있고 상상할 수가 있다.

나는 내가 가진 꿈들을 종이에 하나씩 다 적었다. 그리고 그것을 읽고, 기억하고 간직하는 버릇을 20살 무렵에 배웠다. 성공하기 위해서 할 수 있는 첫 번째 단계는 목표를 명확하게 종이에 적기, 무언가를 내가 이루고 싶다면 목표를 종이에 적는 것부터가 시작이다. 나는 인생 목표를 해마다 적어서 수첩에 넣고 다녔다. 명함 뒤에 작게 20개 정도를 적어서 1년 동안 들여다본다. 그리고 연말쯤 되면 3분의 2 정도는 이루어졌다. 그럼 남은 것은 위에 올려놓고 또 빈칸에다 다른 목표를 적는다. 이렇게 30년을 했다. 종이에 적는 순간에 부적처럼 힘을 가진다. 목표를 종이에 적는 자체가 어마어마한 힘이 있다. 그리고 목표를 인지하는 것이다. 계속 인지하는 자체가 아주 중요하다. 종이에 쓰므로 자신감이 안에서 불어난다. 자신이 이것을 이룰 수 있다는 욕망과 욕구가 강해진다. 실제로 이룰 힘은 자신에게서 시작된다. 종이에 적었을 때는 생각의 씨앗 같은 것이다. 생각은 물리적 힘이다.

이렇게 생각을 하고 말을 하며 행동에 옮길 때 기적을 이루는 예쁜 입이 된다. 할 수 있다는 결심과 이미 꿈을 이루었다는 확신의 믿음을 가지고 실천해 온 결과 기적은 내 안에서 이루어지고 있었다. "지금 여러분의 모습은 과거 여러분이 상상했던 모습의 현실이다. 내가 바라는 것은 생각에서 시작된다. 구체적인 목표를 세우고 목표를 끊임없이 생각하는 것으로 사업을 시작할 수 있다. 사업은 자본의 크기가 아니라, 생각의 크기다. 내가 원하는 목표와 의지가 분명하다면 멋진 사업가가 될 수 있다."라고 김승호 회장은 말한다.

그는 예전에 가지고 있었던 생각 속에서 꿈을 이루어냈다. 지금의 현실은 모두 자신이 생각하고 말을 했던 대로 이루어진 것이다. 기적은 이미 내가 만들어놓은 생각의 결과물이 내게로 온 것이다.

천재적인 이론 물리학자 스티븐 호킹이 마지막 강연에서 한 말이다. 젊었을 때 그는 세상을 관찰하는 방법이 남달랐다.

"손을 뻗으면 별이 닿을 것 같아. 서두르는 게 좋을 것 같아. 왜냐면 별은 점점 멀어지고 있거든. 한 시간에 약 600만 마일씩 멀어지니까 벌써 200만 마일 정도 멀어졌겠네."

그렇게 행복한 시간을 보내고 있던 호킹과 제인 둘은 행복한 결혼 생활을 꿈꾸고 있었다. 그런데 호킹에게 충격적인 일이 벌어지고 만다. 갑자기 온몸이 마비된 것. 건강하던 그에게 갑작스럽게 찾아온 것은 '루게릭병'이었다. 호킹의 병은 21살부터 시작되어 점점 몸을 마비시켜갔다. 더 이상 손으로 펜을 들기 어려운 상황까지 이르렀다. 하지만 호킹은 연구를 멈추지 않았다. 평범한 삶을 살 수 없다는 것이 오히려 더 큰 원동력이 된 것일까?

호킹은 물리학자들을 깜짝 놀라게 한 엄청난 증명들을 해낸다. 우주 시작에 대한 실마리, 일반 상대론적 특이점, 블랙홀의 열복사 등. 그렇게 호킹은 천재적인 이론 물리학자로 인정받게 되었다. 폐렴으로 인해 목소리를 잃어버렸지만, 육체의 문제는 호킹을 좌절시킬 수 없었다. 뺨으로 음성 합성 시스템을 이용하여 스티븐 호킹은 강연을 시작할 때 항상 "제 말이 들리나요?"라고 말했다. 자신의 목소리가 아닌 기계음으로 대화를 하는 게 다소 낯설게 느껴질 수 있는 상황을 그만의 방법으로 재치 있게 표현한 것이다.

"살아 있고 연구하는 것은 제게 큰 영광이었습니다. 고개를 숙여 발을 보지 말고, 고개를 들어 별을 보세요. 보이는 것을 이해하려 노력하고 무엇이 우주를 존재하게 하는가 상상해보세요. 호기심을 가지세요. 삶이 아무리 힘들어 보일지라도 여러분이 할 수 있고 성공할 수 있는 무언가는 항상 있습니다. 중요한 것은 포기하지 않는 것입니다. 살아 있다면 희망 또한 있습니다."

스티븐 호킹은 76세의 나이로 세상을 떠나기 전까지 몸이 불편한 와중에도 세계 곳곳을 돌아다니며 우주에 대해 널리 알려왔다. 이 강연은 스티븐 호킹의 공식적인 마지막 대중 강연이었다.

이렇게 불편한 몸을 가지고 있음에도 성공한 사람은 많다. 움직일 수 없는 몸과 목소리를 잃었음에도 인류의 미래를 위해서 중력과 천문학의 새로운 시대가 가져올 가능성과 우주로 가기 위한 노력을 계속해야 한다고 말하는 스티븐 호킹은 상상의 힘으로 생각하고 말하며 연구하여 천재적인 이론 물리학자가 되는 기적을 이루어냈다. "말이 씨가 된다."라는 속담처럼 말한 대로 이루어진다.

생각의 씨앗을 심고 씨앗이 튼튼한 열매를 맺도록 거름을 주고 정성스럽게 가꾸기 위해 포기하지 않고, 행동하고, 실천에 옮길 때 성공의 열매를 맺게 될 것이다. 지금의 삶, 또한 가지고 있던 꿈을 이루기 위해 생각하고 수없이 말로 되새기며 지속해서 생각에 맞게 행동에 옮긴 결과 한 권의 책을 읽기도 힘들었던 내가 많은 책을 읽으며 세 번째의 책을 쓰게 되었다. 이런 내 모습에 대견한 생각이 든다. 모든 것은 자신의 마음에 달려 있다. 자신을 믿고 이상을 실현하기 위해 노력하며 생각의 말을 할 때 기적을 이루는 예쁜 입이 될 것이다.

03

신념이 나를
일으켜 세웠다

나만이 내 인생을 바꿀 수 있다.
아무도 날 대신해서 해줄 수 없다.

― 캐럴 버넷 ―

우리가 어떻게 사느냐에 따라 미래가 달려 있다. 미래가 시작되는 순간은 바로 지금이다. 어제보다 조금 더 나은 오늘을 살고 내일은 오늘보다 더 나은 내일을 살아간다면 보장된 미래가 준비되어 있을 것이다. 이루고자 하는 꿈의 목표를 세우고 강한 신념으로 나아간다면 성공이란 목적지에 도달할 것이다. 어느 순간 좌절할 때도 있다. 그러나 자신을 믿고 포기하지 않고 밀고 나아간다면 성공을 이루는 결과를 맞이하게 된다. 나에게도 해보지 않은 새로운 길을 간다는 것에 대한 두려움이 있었다. 그런데도 여기서 포기한다면 다시는 기회가 오지 않을 것 같았다. 이대로 살아간다면 3년, 5년이 지나도 내 삶은 여전히 제자리걸음을 하고 있을 것이라는 생각이 들었다.

한 번 태어난 인생인데 이대로 살다 갈 수는 없다는 생각이 나를 붙잡고 있었다. 고생의 흔적만을 남긴 삶으로 살다 가기엔 내 인생이 아깝다는 마음으로 이제는 육체적인 일이 아닌 정신적인 면으로 새로운 나를 찾자고, 아이들에게 작가 엄마라는 타이틀을 남겨주겠다고 결심하며 작가의 길에 도전했다. 시련을 겪고 살아온 지난날이 씨앗이 되어 튼튼하게 자라나 글의 토대를 이루며 어느새 세 번째의 책을 쓰고 있는 열매를 맺게 했다. 좌절하는 나를 굳은 신념이 일으켜 세운 것이다.

둘째 아들은 회사의 동료들이 엄마가 작가님이라고 대단한 엄마를 가졌다면서 혹시 아들이 셋이니까 "아기 돼지 삼형제" 책의 저자냐고 우스갯소리로 묻기도 한다고 한다. 그런 말을 들으면서 엄마가 작가여서 뿌듯하다고 말한다. 이 말을 듣는 나 또한, 뿌듯함을 느낀다. 얼마나 좋은 말인가! 아들의 말이, 생각이 떠오르지 않아 글맥을 이어가지 못하고 힘들어할 때 나에게 용기를 주는 힘이 되었다.

간혹 이대로 사는 대로 살고 싶을 때도 있다. 책과는 멀어진 채로 TV를 시간 가는 줄 모르게 보고 일을 마치고 돌아오면 잠자리 들기에 바쁜 개념 없이 사는 삶, 목표 의식이 뚜렷하지 않은 사는 대로 사는 삶을 살고 싶어 하는 마음이 쭈뼛거리며 가는 길을 방해할 때마다 나는 한 번씩 브레이크가 걸려 힘들어진다. 그런 마음이 들 때마다 자신을 가다듬으며 미래에 성공한 내 모습에 긍정의 심리를 가지고 신념으로 나를 일으켜 세운다….

"책을 통해 나는 인생의 가능성이 있다는 것과 세상에 나처럼 사는 사람이 또 있다는 걸 알았다. 독서는 내게 희망을 줬다. 책은 내게 열린 문과 같았다."

'토크쇼의 여왕'이라 불리는 오프라 윈프라의 말이다. 미혼모의 딸로 태어나 지독한 가난에 인종차별을 겪고 성폭행을 당하고 마약에 빠지는 등 불우한 어린 시절을 보냈다. 그런 그녀가 미국 CBS-TV에서 〈오프라 윈프리 쇼〉를 25년간 5,000회 진행하고 있다. 미국 내 시청자만 2,200만 명에 달하고 세계 140개국에서 방영되었던 '토크쇼의 여왕'이 되었다. 이후 잡지, 케이블 TV, 인터넷까지 거느린 하포(Harpo : oprah의 역순)주식회사를 창립한 회장이 되었다. 미국인들이 가장 좋아하는 TV 방송인으로 꼽혔으며 흑인 여성으로서는 처음으로 경제전문지 〈포브스〉로부터 재산 10억 달러 이상의 부자 중 한 사람으로 지목됐다. 이후 2012년까지 4년 연속 〈포브스〉의 고수익 유명인 1위에 오르며, 미국 내 유명 인사 중 최고의 연 수입을 달성했다. 그녀의 성공기는 '인생의 성공 여부가 온전히 개인에게 달려 있다.'라는 '오프라이즘(Oprahism)'을 낳기도 했다. 그녀는 "부자가 되기는 눈사람을 만드는 것과 비슷하다."라고 했다. 부자가 되기 위해서는 젊었을 때 눈덩이를 만드는 일에 집중해야 한다고 말한다.

그녀가 미국에서 가장 성공한 여성이 될 수 있었던 것은 바로 '독서'였으며 포기하지 않고 굳은 신념으로 자신을 일으켜 세운 것이었다.

미국 미시간주의 성 요셉 보육원에 문제 소년 한 명이 들어왔다. 소년은 원생들과 싸움을 일삼았다. 베라다 수녀님은 인내심을 갖고 끊임없이 소년을 격려했다. "하나님은 너를 매우 사랑하신다. 큰 꿈을 가져라." 그러나 소년의 행동에는 변화가 없었다. 결국, 그 문제 소년은 퇴학을 당하고 말았다. 소년은 퇴학 당한 후에 비로소 베라다 수녀님의 소중한 가르침을 깨달았다. 그리고 피자 가게에 취직해 열심히 일했다. 소년에겐 피자 한 개를 11초에 반죽하는 탁월한 솜씨가 있었다. 그의 머릿속은 베라다 수녀님이 심어준 '큰 꿈'으로 가득 찼다. 소년은 자신의 꿈을 실현하기 위해 피자 회사를 설립했다. 이 회사가 바로 미국에서 두 번째로 큰 '도미노피자'다. 이 고아 소년의 이름은 토머스 모너건(Thomas Monaghan)이다. 현재 토머스는 피자 사업을 통해 벌어들인 돈으로 미국 프로야구 명문 구단인 디트로이트를 운영하고 있다. 그리고 수많은 청소년에게 장학금을 지급하고 있다. 그는 자신이 사업에 성공할 수 있었던 것은 베라다 수녀님의 가르침 때문이라고 말했다.

토머스는 방황하는 청소년들에게 이렇게 외치고 있다.

"하나님이 여러분과 함께하신다. 꿈을 크게 가져라."

보통 어려운 환경을 딛고 일어선 많은 사람의 경우에서 우리는 그 사람이 있기까지 배후에서 격려해주고 그 사람의 가능성을 인정해주는 사람이 있었다는 것을 발견하게 된다. 토머스 모너건은 꿈 없이 방황하는 사람들에게 "확고한 꿈을 가져라. 그러면 반드시 그렇게 될 수 있다."라는 말을 남겼다.

성공한 사람들은 하나같이 가슴 뛰는 꿈을 가져야 한다고 말한다. 가슴 뛰는 꿈이란 간절히 그렇게 되기를 바라는 꿈이다. 매 순간 그 꿈에 대해 생각하고 그 꿈을 실현하기 위해 신념을 갖고 최선을 다하여 성공을 이루어낸다. 성공하는 사람은 신념을 잃지 않는 사람들이다.

알고 지내는 지인은 얼마 전 코로나19 여파로 인해 직장을 잃었다. 그에게는 중학교, 고등학교에 다니는 남매가 있다. 매달 받는 월급으로 생계를 꾸려가던 그는 막막한 현실에 처하게 된 것이다. 새로운 직장을 얻기도 힘든 현실에서 임시방편으로 대처하기 위해 택배 배송 일을 하게 됐다고 했다. 그나마라도 일을 할 수 있어서 다행이라고 한다. 온종일 식사할 시간도 여의치 않고 종일 걷고, 뛰는 일의 반복이라며 무척이나 힘든 일이라고 한다. 그래도 아이들을 생각하면 힘이 난다며 안쓰러운 미소를 짓는다. 혼자 몸이 아닌 한 가정의 가장이기에 책임감으로 자신을 지탱하며 힘든 일일지언정 감수해나가고 있다. 신념이 삶의 원동력이 되어 살아가는 바탕의 힘이 되어준다.

우체국에서 우편물을 배달했던 지인의 이야기다. 그녀는 30대 초반에 불의의 사고로 남편을 잃고 어린 두 아들을 키우기 위해 남편이 하던 우편물 배달 일을 하게 되었다. 여자의 몸으로 하기엔 힘든 일이었음에도 그녀는 억척스럽게 잘 견디며 해내고 있었다. 지친 몸으로 일을 마치고 돌아오면 두 아들이 어질러놓은 집 안 청소와 빨아야 할 옷들, 저녁밥 준비에 눈코 뜰 새 없이 바쁜 저녁 시간을 보내야 했다. 그런데도 아이들이 씩씩하게 잘 자라주는 모습에 힘든 기색 하나 없이 헤쳐나갔다. 두 아들은 이 잘 성장하여 의젓한 성인이 되어주었고, 지금 지인도 퇴직하여 두 아들의 든든한 울타리 속에서 행복한 날들을 보내고 있다. 자식을 지켜야 한다는 엄마의 책임과 의무라는 강한 신념이 삶의 원동력이 되어 힘이 되어주었다.

하버드대학교에서는 이렇게 가르친다고 한다.

"신념은 삶의 원동력이다. 때때로 실패의 원인은 외부 환경이 아니라, 자기 자신에게 있다. 그러니 살아 있는 한 최선을 다해 노력하라. 어떤 절망 속에서도 신념을 유지해야 한다. 신념은 우리에게 신비한 힘을 가져다줄 것이다. 강한 신념을 가지고 희망을 버리지 않는다면 운명도 우리에게 길을 양보할 것이다."

04

끝까지 가자
가보지 않은 길도

희망을 품고 여행하는 것은 도착하는 것보다 더 소중하며
진정한 성공은 바로 목표를 향해 노력하는 것이다.

– 로버트 루이스 스티븐슨 –

인생을 살아가면서 스스로 생각하지 않으면 아무것도 얻을 수 없다. 지금 무엇이 가장 필요한지 그것을 이루기 위해 자신에게 먼저 투자해야 한다. 20년 가까이 해왔던 직장 생활에서 벗어나 새로운 길을 간다는 것은 처음부터 쉬운 일이 아니었다. 그러나 많은 세월을 살아온 내가 언제까지 직장을 다닐 수 있는 것이 아니라는 사실에 더 늦기 전에 새로운 길을 찾아야 했다. 그렇지 않으면 반드시 후회할 것 같았다.

꿈으로만 간직하고 있었던 꿈의 실체를 이루기 위해 가보지 않은 길을

가기로 선택을 했다. 꿈의 성취를 이루고 나니 또 다른 길이 다가왔다. 책을 쓰고 책을 출간한 것으로 끝나는 일이 아니었다. 요즘 시대에 맞추어 책의 홍보를 위한 마케팅이 필요했다. 그러기 위해선 또 다른 배움의 문턱을 넘어서야 했다. 책을 쓴다고 결심한 이후부터 책을 통해 생각지도 않았던 많은 공부를 하게 되었다. 끝까지 가보지 않은 길도, 최선을 다하여 걸어간다면 이루고자 하는 성공의 정상에 오르게 될 것이다.

사람북닷컴 박세인 대표는 『블로그 투잡 됩니다』의 저자이며 '생각대로 사는 여자', '배울 게 너무나 많은 여자'다.

요건도, 배경도, 돈도 없던 29살 계약직 사원으로 자발적 소문 마케팅 겸벌이에 눈을 뜨고 억대 연봉 부럽지 않은 CEO가 됐다. 입소문으로 대박 난 블로그 마케팅의 고수다. 초보자들도 쉽게 따라 할 수 있는 것이 블로그다. 내 블로그도 억대 연봉 부럽지 않은 블로그로 키울 수 있다. 디지털 세상의 베이스캠프가 블로그다. 블로그를 통해 수익을 낼 방법을 유통 회사에 다니면서 알게 되고 블로그를 시작했다. 사장님이 "요즘은 블로그에서 물건 파는 것이 대세라는데?" "블로그에서 팔아봐. 팔리면 성과보수 줄게." 하는 말을 듣고 블로그를 통해 판매하기 시작했고 월급이 200만 원 하던 시절에 한 달 만에 성과보수 200만 원을 받았다. 본직업인 유통 회사에 다니면서 본 잡에서 유통을 하다가 블로그에 서브로

올렸던 서비스적인 부분들이 수익 창출이 되는 것을 발견하게 됐다.

2011년부터 블로그를 시작하게 됐다. 업계에서 블로그로 겁벌이하는 방법을 귀신같이 쉽게 알려주는 사람으로 소문이 나게 되었다. 1년 정도 지나니까 유통 회사 사장님이 회사를 접겠다고 하셨다. 그녀는 사장님이 그만두실 거면 유통 라인을 이어받아서 창업을 해보겠다고 했다. 회사를 나온 후 자본금 하나도 없이 11개월 무이자 할부로 노트북 한 대를 사서 사업자 등록증 하나로 창업을 시작했다. 블로그의 장점은 모든 SNS와 연동을 할 수 있다는 점이다. 블로그 마케팅을 특히 주부, 엄마들에게 추천하는 이유는 익숙한 채널이기 때문이다. 눈에 익숙한 채널은 습득하기도 쉽다. 네이버는 연차가 15년 된 채널이다. 고객들이 함께 늙어갔다. 엄마들의 세대가 많이 포진되어 있다.

코로나19 시대에도 힘을 얻을 수 있는 노하우가 블로그 마케팅이다. 이렇게 끝까지 가보지 않은 길도 무자본으로 창업을 하여 열정을 가지고 열심히 노력한 결과 지금은 싱어송라이터, 작가, 휴먼 브랜드 전문 기업이라는 타이틀을 붙이고 사람을 외판하는 그런 일들을 하고 있으며 젊은 나이에 남부럽지 않은 성공의 길을 가고 있다.

사람들은 누구나 익숙해진 가던 길을 가기를 원한다. 그러나 하는 일이 세월이 지나도 비전 없이 제자리걸음일 때는 더 늦기 전에 자기 개발에 눈을 뜨고 방향을 바꾸어나갈 줄도 알아야 한다. 현재나 다가오는 미래나 별반 다를 것이 없는 길이라면 한 번 왔다가는 인생을 사는 대로 살다 가는 무의미한 인생으로 마감할 것이다. 이대로 살다 가기엔 기적으로 태어난 인생이 아깝지 않은가? 길 끝에는 끝이 아닌 또 다른 길이 준비되어 있다. 자신을 믿고 강한 신념으로 끝까지 가보지 않은 길도 가볼 줄 아는 의식과 지혜가 있어야 한다.

"지금껏 정해진 레일 위를 달려왔다면, 그래서 종착역이 너무 뻔하다면, 지금이라도 당장 그 레일 위에서 내려와야 한다. 진짜 인생은 어쩌면 레일 밖에 있을지 모른다. 정해진 레일 위를 달리기보다는, 돌아볼 때마다 아름다운 레일이 만들어지고 있는 삶을 보라. 더 멋지고 더 황홀한 더 자유롭고 행복한 인생을 향해 새로운 레일을 놓아라."

가슴 벅찬 메시지다. 하우석의 『내 인생 5년 후』에 나온 말이다. 5년이라는 시간 단위는 생각보다 많은 의미를 내포하고 있다는 생각이 든다. 목적이 있는 삶에 대한 물음을 해봐야 한다. 20대 이후에 삶은 확실히 생각보다 빠르게 5년이 지나고 10년이 훌쩍 지나간다. 그러다 어느새 돌아보면 단풍이 고운 옷을 갈아입는 늦가을의 문턱에 와 있는 것이다. 목적이 있는 삶은 나이의 숫자를 생각지 않는다.

오히려 젊어진다. 목적을 이루기 위해 진취적으로 생각하고 두뇌를 움직이기 때문에 생각이 젊어지고, 몸도 이에 따라 젊어지게 된다. 나에게 앞으로 5년 후에는 어떤 모습으로 내 삶이 다가올지는 아직 가보지 않은 길이기에, 정확하게 알 수는 없다. 그러나 상상하는 미래에 내 모습에 맞춰져 다가올 것이라고 믿는다. 이미 모든 것은 내 안에서 모두 이루어졌다. 이루어진 것을 맞추어가기 위해 오늘도 끝까지 가본다. 가보지 않은 길도!

코로나19의 여파는 1년이 가까이 다가오고 있음에도 환자들의 숫자는 점점 늘어나는 추세로 변해가고 있다. 사회적 거리두기로 외출도 자제해야 하는 실정이지만, 따로국밥처럼 따로따로 집밥을 먹는 시간이 제각각이었던 가족들이 서로에게 조금씩 관심을 가지게 되면서 한자리에 모여 함께 밥을 먹고 이야기를 나누며 웃음꽃을 피운다.

사람이 살면서 행복은 먼 곳에 있는 것이 아니라는 것을 느낀다. 가족이 다 같이 모여 밥상 하나에 둘러앉아 서로의 이야기를 들어주기를 바라는 대화를 주고받고, 웃음이 흘러넘치며, 서로를 바라보는 이 작은 행복이 커다란 보물 같은 느낌을 준다.

전혀 예상치 못했던 코로나19의 사태로 필요할 때만 착용을 했던 마스

크를 자신에게 없어서는 안되는 분신처럼 착용을 해야하는 겪어보지 않았던 현실이 되었다. 사람과의 거리를 두게 되면서 더욱 각박해진 상황을 불러오게 되었다.

우리 모두는 뜻밖의 가보지 않았던 세상을 살아가고 있다. 안 좋은 일들이 점점 늘어가는 불안한 사회의 분위기 속에서도 제각각으로 시간에 쫓기듯이 살기에 바빠 한 자리에 모이기가 힘들었던 가족이 함께할 수 있게 됐다는 것만으로도 큰 위안을 삼는다.

가보지 않은 길이지만 지혜롭게 받아 들이며 위기속에서도 새로운 도약의 기회가 될 것이라고 믿는다.

끝까지 가보기 위해 가보지 않은 길을 향해 가는 과정은 아름답다. 설령 그 끝을 보지 못한다고 하더라도 갈 수 있는 마음가짐을 가졌을 때부터 이미 모험의 목적지의 정상에 오르게 될 것이다. 정상에 다다르면 후련함과 뿌듯한 성취감을 느끼게 된다. 곧이어 또다시 내리막이 준비되어 있다.

사람의 인생사도 이와 같다는 생각이 든다. 정상을 향해 오를 때는 충분한 의욕과 욕망이 있으므로 힘든 줄도 모르고 정상에 도달하게 된다. 정상에서의 쾌감을 맛보는 동시에 내려갈 준비에 대한 마음가짐이 단단

해야 내려가는 길도 즐기는 마음으로 비우는 자세의 마음가짐을 가질 수

있다. 성공이라는 정상의 자리매김을 하기 위해서는 오를 때의 마음 자

세보다 몇 배의 더 큰 자기 개발의 노력을 해야 한다.

끝까지 가보지 않은 길을 가보는 것도 인생을 앞서 나가는 삶의 태도

의 도전 정신에서 비롯한다.

05

시련은 큰 축복 앞의
정거장이다

신은 인간에게 선물을 줄 때
시련이라는 포장지에 싸서 준다.

– 딕 트레이시 –

사람에겐 살아가는 자체가 어쩌면 시련일지 모른다. 살다 보면 생각지도 못했던 어려움에 부닥칠 수도 있다. 안 좋은 일들, 원망스러운 일들도 많이 겪게 되는 것처럼, 받아들이기에 힘든 상황이 현실에 다가오는 모든 일은 축복을 받기 위한 예행연습이라고 생각하면 된다.

20대 초반의 젊은 나이에 사회의 경험도 없이 타지 생활에서 사람의 배신으로 사기를 당하면서 시련이라는 굴레 속에서 수많은 세월을 보내며 미래의 설계도는 생각조차 할 수 없었던 암울한 세월 속에서 살아온 날들이었다. 그렇게 돌고 돌아서 오늘에 와서야 수많은 시련이 축복을 주기 위한 과정의 필수 품목이었다는 것을 알게 되었다.

그러나 너무도 미련하고 생각 없이 살아온 자신을 돌아보며 좀 더 빨리 미래의 준비를 해야 하는 것을 알게 됐고 뒤늦은 후회를 한다. 사는 것이 바빠서 어쩔 수 없었다는 것은 하나의 구차한 변명에 지나지 않는다. 사는 대로 사느라 생각 없이 살았기 때문에 놓친 세월의 아까운 시간들을 되돌릴 수 없듯이, 더 늦지 않게 깨닫게 된 것을 감사하게 생각하며 시련은 큰 축복 앞에 머무르는 정거장이라는 사실의 늦게 받은 축복을 겸허히 받아들이며 감사함의 일상에서 더 나은 미래의 나를 향해 준비하는 오늘을 보낸다.

짐 캐리는 영화배우라는 꿈을 이루기 위해 버려진 차 안에서 잠을 자고 세수도 공중화장실에서 했으며, 매 끼니를 햄버거로 때웠다고 한다. 결국, 계속되는 무명 생활에 지친 짐 캐리는 우울증에 걸리기도 했다. 당시 그는 꼭 스타가 되어야겠다는 일념으로 1990년의 어느 날 할리우드에서 가장 높은 언덕에 올라 햄버거를 싼 종이에, 자신에게 천만 달러짜리 수표를 써주고 지갑에 넣고 다니면서 3년 안에 꼭 천만 달러를 받는 배우가 되고 말리라는 다짐을 했다. 그리고 꿈이 이루어진 것을 상상하고, 느끼고, 행동하며 자기 암시를 했다.

이후 그가 〈배트맨 포에버〉에서 출연료로 천만 달러를 받게 되면서 현실로 이루어졌다. 서프라이즈에 나온 바에 따르면 짐 캐리가 이렇게 노력한 이유는 아버지에게 천만 달러를 드리겠다는 약속 때문이었다고 한다. 그러나 약속을 지키게 되었을 때는 이미 아버지는 돌아가신 뒤였다고 안타까워했다. 이렇듯 시련은 큰 축복 앞에 정거장이라는 생각이 든다.

이후 한국 팬들의 뇌리에도 서서히 잊혀져가는 것인가 했지만 2020년 〈수퍼 소닉〉을 통해 나름 다시 흥행 배우로 재도약했다. 오죽하면 영화를 혹평하는 팬 중에서도 짐 캐리의 연기만큼은 입을 모아 칭찬할 정도로 열연을 보여 주었고 영화도 게임 소재라는 한계와 코로나19의 악재 속에서도 나름 후속편을 제작할 수 있을 정도의 흥행 성과를 거두었다.

짐 캐리가 꿈을 이룬 비결은 꿈을 적은 종이를 항상 몸에 지니고 습관처럼 그 종이를 들여다보면서 종이에 적힌 금액의 수표를 받는 상상을 해 왔기 때문이다. 성공한 사람들은 꿈을 시각화한다. 그리고 결론의 관점에서부터 생각하여 행동에 옮긴다. 이런 사소한 생각의 차이가 성공과 실패한 사람으로 구분 짓는다. 종이 위에 적는 동시에 꿈은 이루어진 것이다. 상상을 통해 이미 수표는 내 품에 안겨졌다. 이처럼 결론의 관점에서 생각하고, 느끼고, 상상하며 행동에 옮기고 노력하며, 인내하고, 기다

림의 시간이 흐르면 상상했던 꿈은 반드시 이루어진 축복의 선물을 받게 될 것이다.

요즘의 시대는 젊은이들이 선호하는 직장은 물론이고 다른 직업의 직장 역시도 취업하기 힘든 시대이다. 많이 배운 사람이나 적게 배운 사람이나 제대로 된 직장을 구하지 못해 시름에 젖어 있는 젊은이들이 부지기수다.

이웃 청년도 대학 공부까지 마쳤으나 직장을 구하지 못해 그의 부모님의 걱정거리로 남아 있다. 나이가 중년을 훌쩍 넘어선 그의 어머니는 직장을 구하지 못하는 아들에게 용돈이라도 주기 위해 마트에서 아르바이트하고 있다. 허약한 몸으로 일을 하는 모습이 안쓰러워 인제 그만 쉬시면 안 되느냐고 하니, 아들이 직장을 못 구하고 있으니 돈이 없으면 외출도 못 한다며 아들의 뒷바라지가 큰 숙제라고, 한숨 지으며 말씀하신다.

낳아서 기르고 대학까지 졸업했어도 아직도 자식의 뒷바라지로 지친 몸을 이끌고 일을 해야 하는 부모의 책임과 의무는 끝이 없는 것인지 안타까운 심정이다. 나이가 들어 쉬어도 부족한 기운인데 끝나지 않은 자식의 뒤를 밀어줘야 하고, 노후 준비는 하지도 못한 채, 일손을 놓으면 주저앉는 낙후된 노후를 보내게 되는 것이다. 그렇다고 자식이 그 대가를 지불해주지도 않는 것이 대부분 사람의 경우일 것이다. 이런 분들의 시련은 큰 축복 앞에 정거장에 머무는 시간이 긴 탓이라고 여기고, 조금만 더 힘을 내어 열심히 살아나가길 바라는 마음이다.

『지선아 사랑해(다시 새롭게)』 저자 이지선의 이야기다.

얼마 전 EBS 초대석에 초청되어 모습을 보여줬다. 2017년 한동대학교 상담심리사회복지학부 교수가 되었다. 대학 졸업반, 가장 아름다운 나이에 갑작스러운 사고로 중증 화상 환자가 되어 하루아침에 인생이 달라진 그녀, 인기 도서 작가에서 12년의 유학 생활을 마치고 대학 교수가 되었다. 지선 씨에게 있는 두 개의 생일, 세상에 태어난 날이 첫 번째 생일, 삶이 끝날 수도 있었는데 다시 살게 된 사고 날이 바로 두 번째 생일이다.

24살이었던 지선 씨와 26살이었던 친오빠, 음주운전 차량이 뺑소니 도주하다 적색 신호에 정차하고 있던 지선 씨 차의 뒤를 받으며 7중 추돌이 있었고 심하게 부서진 차에서 불이 나면서 당시 오빠도 팔에 불이 붙었음에도 불길에 휩싸인 동생 지선 씨를 구했다. 너무 약한 맥박, 의식 없는 지선 씨를 두고 의사들마저 회생 가능성을 포기했다고 하는데 "뭐라도 좀 해달라, 내 딸이 아직 살아 있다."는 부모님의 호소에 응급 치료가 시작되었다. 뒷머리가 찢겨져 피가 철철 나고 전신 55% 3도 화상을 입었지만, 다행히 뇌 손상을 입지 않았고 내장 기관은 손상이 없었다. 화상의 정도로만 보면 생존 가능성이 거의 없었다고 한다.

15번의 대수술, 40번의 크고 작은 수술을 감행했다. 왜 나에게 이런 일이 생긴 것인지 신을 원망할 수 있지만 그런 생각을 하는 것은 '나 아닌 다른 누군가는 당해도 되냐'라는 이기적인 생각은 아닐까 생각해보기도 했고 정말 아프고 힘든 시간을 견뎌왔지만 매일 슬픈 건 아니었다. 좋은 일, 감사한 일, 꿈이 있었노라고, 이런 삶을 살더라도 평범하게 기쁜 날들도 있다는 것을 알리고 싶어 강연하고 책을 썼으며 공부를 했다. 지선 씨가 많은 사람에게 응원을 받았기 때문에 그 응원의 힘을 잘 알고 있고, 앞으로 교수로서 연구하고 강연하며 우리나라에서 장애인 인식 개선을 위해 더 많은 이야기를 나누고 싶다는 목소리를 내본다. 포기하지 않고 한 걸음씩 내디디며 걸어간다면 동굴 같은 우리네 인생길이 저 멀리 빛을 만나게 될지도 모른다.

지금 내가 누리고 내가 살아가고 있음에 감사하는 마음으로 하루를, 그리고 또 하루를 살아내볼까 한다. 그렇게 긴 투병 생활 속에서도 무수한 고통을 견디고, 잘 버티며 걸어간 지선 씨를 보면서 힘을 얻고 용기를 얻는다는 분들의 말에 또, 감사함을 느낀다고 말했다.

하나님께서 큰 일꾼으로 쓰시기 위해 커다란 시련의 큰 축복 앞의 정거장을 만들어놓으신 것 같다.

시련이 온다는 것은 축복의 시작이라고 한다. 시련 없이는 축복을 받아도 감당할 능력이 없어서 물거품이 되어버린다. 시련을 슬기롭게 견뎌내야 축복을 받아도 잘 지켜낼 수 있고, 시련을 겪은 경험을 토대로 단단한 성을 쌓을 수 있게 된다. 실패 없이 성공한 사람은 없다. 실패의 쓴맛을 겪어본 사람이, 무너지지 않는 성공의 탑을 쌓아간다. 외식 업계의 롤모델 김승호 회장, 그 위대한 탄생은 무일푼으로 사업을 해보겠다는 당찬 도전에서 시작됐다. 사업가를 꿈꾸던 20대 청년의 도전, 하지만 놀라운 성공의 비밀에는 무려 7번의 쓰디쓴 실패가 숨어 있다. 단 한 번의 성공으로 1시간당 천만 원을 번다. 하지만 오늘을 만들기 위해 지난 20년 동안 끝이 보이지 않는 실패 끝에 찾아온 성공이었다. 이렇듯이 시련은 큰 축복 앞의 정거장이다.

06

이젠
울지 않는다

인생은 단 한 번뿐이다. 무사안일하게 사는 것보다는 이 세상에서 무슨 일인가를
한번 이루기 위한 모험을 시도하는 것이 우리 인생에 걸맞다.

— 시어도어 루스벨트 —

한 번뿐인 인생 자체가 모험하는 경로의 삶이라고 생각한다. 사는 대로의 모험이 아닌 생각하는 삶의 길의 모험을 해야 한다. 사는 대로의 삶 속에서 탈바꿈하려 하지 않고 그 틀에 박혀 벗어날 생각을 안 했기 때문에 인생 절반의 고개를 넘어가는 시점에 와서야 박힌 틀에서 벗어나게 되었다. 더 늦출 수가 없을 때가 돼서야 길을 찾게 된 것이다. 좀 더 지혜로웠다면 조금 더 빨리 자신의 미래를 생각하고 원하는 삶을 살 수도 있었을 것이다. 모든 것은 내가 풀어가야 할 인생을 저 멀리 밀어내고, 사는 대로의 삶이 급급해 매일 매일 반복되는 삶을 살아온 것이다.

하루의 절반을 넘는 시간을 일하고 지친 몸으로 늦은 밤 세탁기를 돌리며 쭈그리고 앉아 숨죽여 소리 없는 통곡의 울음을 울어야 했다. 너무도 힘겨워 가족에게도 말 한마디 못하고 세탁기 돌아가는 소리에 서러움의 울음소리를 묻히며 꺼이꺼이, 가슴에 묻힌 한 덩어리를 쏟아내곤 했었다. 오래도록 아픈 시련의 날들을 살아오면서 베란다에 놓인 세탁기는 서러움의 눈물을 받아주는 마음속의 벗이 되어주었다. 그러나 이젠 울지 않는다. 새로운 내 삶의 가야 할 목적지가 있어, 울지 않아도 글을 옮겨 놓음으로, 가슴의 쌓인 슬픔들을 모두 떠나보내게 되었기 때문이다. 앞으로는 해바라기처럼 활짝 웃는 날들만 남아 있기에 기쁜 마음으로 책을 써나간다.

많은 책을 읽고, 책을 쓰면서 외롭지 않았고 말동무가 없어도 심심할 겨를도 없다. 상상 속에서 친구를 만나고 대화를 하며 꿈속에서 사는 삶을 살아가고 있는 것 같다. 혼자만의 가슴앓이들도 지금은 모두 치유가 되었다. 이제는 노트북이, 최고의 큰 벗이다. 낮이나 밤이나 그 언제 어느 때, 어느 곳에서도 항상 나를 기다리며 찾아와주기를 기다리고 있다. 지금의 새로운 나의 모습이 너무나 대견스럽다. 지치지도 않고, 힘들지도 않으며, 싫증도 느껴지지 않는 책 쓰기는 영원한 나의 벗이 되었다. 진작에 이 길을 찾지 못한 것이 후회스럽다. 늦게 찾은 길인만큼 누구보다도 더 노력하며 열심히 미래의 세계를 펼쳐나가고자 오늘도 최선을 다하는 하루를 보낸다. 이제는 울지 않는 삶을 살기 위해서 말이다.

『개구리와 키스를!』 저자 브라이언 트레이시는 성공하기 위한 메시지를 말한다.

두려움을 떨치고 자신 있게 당당하게, 당신은 부자이고, 성공을 이루고, 영향력 있고, 인기가 많다고 상상해보자. 모든 목표를 달성하고 이제 경제적으로 독립한 사람의 모습으로 마음속에 또렷한 자아상을 그려보자. 이미 자신이 상상할 수 있는 최고의 인격체가 되었으면 어떤 기분이 들겠는가? 다른 사람을, 동료를, 동업자를, 직원을 어떻게 대하겠는가? 죄책감은 종종 자신 대신, 또는, 자기보다 앞서서 다른 사람의 욕구나 감정을 먼저 살펴야 한다는 기분으로 이끈다. 그러므로 죄책감을 느낄지도 모를 상황을 예상하고 미리 선을 그어두자.

과거의 기분 나쁜 상황 속에서 자신에게 이렇게 느껴보자. "어떤 상황이었겠는가?" 과거의 그 상황에서의 나에게 어떤 충고를 던지겠는가? 그, 경험 아니면 배우지 못했을 어떤 교훈을 얻었는가? 그 경험을 통해서 가치나 희망을 찾았는가? 아픈 과거는 인제 그만 졸업을 해야 한다.

"긍정적인 성격을 키우는 일곱 가지 비결, 긍정적인 자기 대화, 시각

화, 사람, 영혼의 양식, 훈련과 발전, 건강 습관, 기대감. 남은 것은 실천
뿐이다."라고 말했다.

성공학의 대가 브라이언 트레이시는 세계적인 비즈니스 컨설턴트이자
전문 강사이다. 고등학교 중퇴 후 뒤늦게 공부를 시작해 MBA를 취득했
으며, 경영학 박사 학위를 받았다. 성공과 행복, 세일즈, 리더십, 동기 유
발을 주제로 하는 그의 세미나는 매년 10만 명에 이르는 참가자들에게
열렬한 호응을 받고 있다.

실제적인 내용과 강렬한 흡인력으로 청중의 마음을 밑바닥에서부터
변화시키는 성공 시스템 프로그램은 40여 개국에서, 20개 언어로 번역
되어 100만 명 이상의 사람들에게 성공에 대한 강한 확신을 심어주었다.
현재 사업 전문 온라인 대학인 '세일즈와 사업을 위한 브라이언 트레이시
대학' 대표이며, 개인과 조직을 훈련하고 개발하는 전문 기업 '브라이언
트레이시 인터내셔널' 회장 겸 CEO이다.

가슴속 언저리에 지금까지도 문득 문득 떠오르는 그리운 얼굴이 있다.
한 번씩 깊은 수렁의 고뇌의 늪에 빠져들기 시작하면 어릴 적 떠나간 언
니와 오빠의 생각에 파묻혀 한없이 보고 싶고, 죽음의 문턱에서 벗어날
수 없었던 그날들이 가슴을 뒤흔들며 저며오는 가슴앓이를 하고 만다.

수십 년의 세월이 흘렀는데도 아픈 기억은 사라지지도 않고 선명하게 남아 울컥 울컥 나의 목젖을 죄어 온다. 다시 돌아올 수 없는 강을 건너간 언니와 오빠가 사무치도록 보고 싶어 소리 없이 애꿎은 눈물을 흘리고 만다. 살아 있었다면 얼마나 좋을까? 길에서 흔히 볼 수 있는 언니, 오빠의 나이 또래 사람들을 마주하며 상상으로 언니를 만나고, 오빠를 만나본다. 그러나 기억 속의 언니와 오빠의 모습은 이 세상을 떠나던 날의 변함없는 모습으로 상상 속에서 비대칭을 이루어 놓는다.

꿈에서라도 한 번만이라도 안아보고 싶은데 나의 염원은 부질없는 소망인지 이루어지질 않는다. 하지만 두 분의 몫으로라도 더 단단한 삶을 살기 위해 각별히 마음을 다잡아본다. 이제는 울지 않고 남은 미래의 삶을 보람 있고, 행복하게 살기 위해 오늘도 내일도 멈추지 않고 부지런히 설계해나갈 것이다. 저 먼 미래에서 환한 미소로 언니와 오빠를 만나볼 수 있기를 기대해본다.

벌써 1년 6개월의 세월이 흘러갔다. 어느 날 갑자기 남편은 하나뿐인 형님을 잃어야 했다. 옛날에 다쳤던 다리의 상처로 인해 대수롭지 않게 치료를 받기 위해 병원을 찾아 입원한 형님은 다리의 상처가 치료를 받아 완치되어 퇴원까지 했었다. 그런데 가슴에 담이 걸린 듯 답답하다며, 매일 낮이나 밤이나 잠만 자고 음식을 제대로 먹지도 못하는 상황이 되어 퇴원한 지 며칠이 되지 않아 재차 병원에 입원했다. 많은 진료 검사가 시작됐고 폐에 물이 차서 숨도 제대로 쉴 수가 없어서 호스를 연결해 폐의 물을 빼내고, 산소 호흡기를 통해 숨을 쉬며 하루가 다르게 이 세상 사람이 아닌 듯 병색이 짙어져갔다. 그렇게 순식간에 말기 폐암 환자가 되어 말 한마디 제대로 해보지도 못하고 갑작스럽게 세상을 등지고 말았다.

그 후 남편은 언제나 의지가 됐던 형님을 잃고 1년을 넘어가는 세월 속에서 한쪽 날개를 잃어버려 날지 못하는 새처럼, 우울해했고 삶의 의욕도 없이 가족이 모르게 많은 눈물을 삼키고 있었다. 옆에서 지켜보는 나는 내색하지 않으려 애쓰며 말없이, 남편을 북돋아주며 일으켜 세워야 했다.

세상에 아무것도 남긴 것 하나 없이 50년 반, 세월을 살아보고자 세상에 왔다 가신 형님의 인생이 가엾어서 뼈저리게 아픔이 남아 있는 것인가 보다. 영혼의 세상에서 아프시지 말고 새처럼 훨훨 날아서 어디든지 마음껏 다니시길 기원해본다. 더 이상의 아픔의 눈물은 이제는 흘리지 않기를 바라는 마음이다.

07

포기하지 않는 한
실패는 없다

성공은 마음가짐의 문제다. 성공을 원한다면
먼저 스스로를 성공한 인물로 생각하라.

– 조이스 브라더스 –

우리의 생각이 성공을 향해 지속해서 생각하면 자라난다. 생각이 자라나서 나중에 열매를 맺는 것이다. 목표를 끊임없이 눈에 보이게 만들어 놓는다. 모든 위대한 행동들은 작은 차이에서 시작이 된다. 작은 열매가 모여 크게 번창하는 결과를 낳는다.

알고 지내는 지인은 오랜 세월 동안 여러 군데 식당을 전전하며 식당의 주방과 홀에서 일을 해왔다. 그로 인해 1남 2녀의 자식들을 대학까지 마치게 하였고 자식들 모두 나름대로 제각각 성향에 맞추어 사회의 일꾼으로 출발을 했다. 60을 넘기는 나이가 되어 식당에서의 쌓아온 경험과 배운 요리 솜씨도, 특급 요리사 못지않을 만큼 실력을 갖추게 되었다. 어느 날 일하고 있던 식당의 주인이 가게를 내놓게 되었을 때 인수를 하게 되었다.

식당에서 오래도록 일을 하면서 식당일에 대하여 누구보다 잘 알고 있는 지인은 종업원에서 주인의 자리로 탈바꿈을 했고 지난 주인보다도 더 나은 음식의 맛을 내며 손님도 늘어나고 좋은 이미지를 보이며, 영업도 번창했다. 힘겨운 날들을 보내면서도 지인은 자식들이 잘 자라서 좋은 직장을 찾아 사회인이 된 모습에 감사하며, 자식이 잘되는 것에 보람을 느끼고 힘든 줄도 모르게 세월이 흘러갔다고 한다. 이렇게 포기하지 않는 한 실패 또한 다가서지 않는다.

나폴레온 힐은 버지니아주 남서부의 와이즈 카운티라고 하는 산골 마을에서 가난한 대장간 집의 아들로 태어나 9살 때 어머니를 잃었지만, 어머니가 들려주곤 했던 "너는 틀림없이 역사에 이름을 남길 위대한 작가가 될 거야."라는 말을 가슴 깊이 새기고 있었다.

힐의 성공학 전도는 일방적인 설교는 아니었다. 그는 미국 전역의 도시들을 돌면서 성공학을 강의할 때에 수강생들의 반응을 알기 위해 조수들을 청중 속에 함께 섞여 강의를 듣도록 했고, 이를 통해 강좌가 청중에 미치는 영향을 알아내고 수정하고 보완해나갔다. 힐은『성공의 법칙』의 보급판 책의 집필에 착수해 1937년『생각하라, 그러면 부자가 되리라』를 출간했다. 이 책의 한국어 번역판 제목이『놓치고 싶지 않은 나의 꿈 나의 인생』이다. 이 책에서 힐은 자신의 주요 독자들이 실패와 좌절에 시달렸을 사람들이라는 걸 염두에 두고 이런 강력한 위로의 메시지를 던진다.

어느 경우든 성공을 거둘 때까지의 인생은 절망과 좌절의 반복이다. 일시적인 패배에서 모든 것을 단념하기란 매우 간단한 일이며, 더욱이 좌절에 그럴듯한 변명을 한다는 것은 그다지 어렵지 않다. 대부분 사람이 일시적인 패배로 곧, 소망을 포기하고 마는 이유다. 성공한 미국인에 드는 500명이 들려준 이야기의 공통점은 다음과 같다.

"위대한 성공이라는 것은 사람들이 패배의 투구를 벗은 시점에서 불과 얼마 지나지 않았을 때 찾아온다."

실패는 마치 사기꾼처럼 교활하고 약다. 성공이 가까이 왔을 때 우리에게 필요한 것은 이 사기꾼에게 현혹되지 않는 명민한 지혜다.

긍정적인 정신 자세를 익히면 건전하고 생산적인 마음 상태를 유지할 수 있으며, 자신이 인생에서 원하는 일들을 할 수 있을 것이다.

"그러나 아무리 창피해도 기세가 꺾여서는 안 된다. 주저하지 말라. 물러서지 마라. 그냥 충실히 용기를 갖고 해보자. 누가 뭐라고 말해도 상관하지 마라. 당신이 열정을 갖고 순수한 마음으로 이 가르침을 실행해 간다면, 지금까지 당신을 속박하고 있던 고정관념이라는 그물이 풀리고 껍질이 깨져 다시 태어난 기분으로 변화될 것이다."

이렇게 하나도 흘려버릴 수 없는 엄청난 명언들을 나폴레온 힐은 우리에게 내세워주고 있다. 이 역시도 포기하지 않는 한 실패란 있을 수 없다는 것이다.

"경영의 신"이라고 불리는 이나모리 가즈오는 사업을 하시는 분들에게는 멘토라고 하시는 분들이 많은 정도로 사업에 대한 태도와 본질적인 것들을 많이 이야기해주고 있는 분이다. 오늘의 사업가뿐 아니라 누구에게나 다 해당할 수 있는 일에 대한 태도 생각 등을 다루는 책을 썼다.

그는 자신이 부잣집에서 태어나 자랐다면 전혀 다른 삶을 살았을 것이라고 말한다. 고난과 좌절을 모르고 유명 대학을 나와 대기업에 취직했다면 현실에 만족하며 살았을지도 모른다는 것이다.

"가난과 역경은 나를 단련시키기 위해 신이 준 선물이었다. 역경에 부딪혔을 때, 처한 상황을 긍정적으로 받아들이고, 어떤 순간에도 노력을 멈추지 마라. 절대로 주저앉지 마라. 그러면 반드시 신은 보답한다. 내가 그랬듯이."라고 말했다.

모든 사람에게 나름의 어려움은 있다. 그런데 누군가는 그 어려움을 견디고 결국 뛰어넘는다. 잘하고 못하고의 차이보다도 역경에 대하는 자세에서 포기하지 않는 한 실패는 없는 것이다.

얼마 전 나의 첫 책인 『하나님 이제 남 눈치 보지 않고 나답게 살겠습니다』가 출간되어 책을 받아보게 되었다. 그때 내 책을 가슴에 안고 너무도 감동해서 눈물이 흘렀다. 한편으론 신기하게까지 여겨졌다. 그동안의 살아왔던 날들의 고백서와 같은, 실제의 겪어온 삶의 시련과 고난의 경험들이 담긴 내용이 다시금 가슴에 다가와서인지, 기쁘면서도 아픔들이 떠올라 가슴을 벅차게 했다. 그리고 예전에 하나님의 은혜를 가장 많이 받았던 교회의 성도님들께 나누어드리라고 전달한 성도님께서도 감격스러워하시며 대단하다고, 존경스럽다고 칭찬을 해주신다.

손편지 한 장도 제대로 써본 지가 아득한 내가 두 권의 책을 출간하고, 세 번째의 책을 쓰고 있다. 아마도 자신 스스로 책을 쓸 수 없을 것으로 생각했다면 책을 쓴다는 일은 엄두도 못 냈을 것이다. 그러나 접해보지 않은 책 쓰기에 나의 인생 2막의, 목표로 삼고 간절한 마음으로 잘 쓸 수 있다는 마음 자세로 포기하지 않고, 하루하루를 최선을 다해온 결과 실패하지 않은 책 쓰기를 이어가고 있다. 인생 절반을 넘어가면서 인생 2막을 준비하지 않는다면 지금의 100세 시대에서 정년퇴직을 하고도 무엇이든지 해야 살 수 있는 많은 세월이 남아 있다.

알고 있는 지인은 얼마 전 다니던 직장에서 본인의 의사도 없이 본의 아니게 밀려 나오게 되었다. 나이도 중년을 넘어서고 있었고, 다른 직업을 선택할 곳도 딱히 없었던 터라 학원에 다니며 어린이집 보조 선생님 자격증을 취득하여 어린이집 보조 선생님이 되었다. 요즘에 중년을 넘어서 직업을 가져야 하는 엄마들은 너무나 많다. 그렇다고 나이가 많은 사람들이 일할 수 있는 곳은 더더욱 찾기가 쉽지 않은 현실이다. 그러니 일을 해야 하는 사람들이 갈 곳이라곤 식당의 설거지 아르바이트, 마트 캐셔 아르바이트, 요양 보호사, 간병인 등 몸으로 부딪쳐서 해야 하는 일들이 대부분인 것으로 알고 있다.

자신이 중년을 넘어서 보니 직업의 소중함을 깨닫게 된 것 같다. 50이란 나이를 넘어가기 전에 제2의 인생을 살아갈 터전을 만들어놓아야 한다는 생각이 든다. 준비되지 않은 노후 생활은 생각만 해도 불안해진다.

그런 생각을 하면 나의 인생 2막의 직업이 된, 작가라는 명칭에 감사함을 갖는다. 퇴직할 염려도 없으며, 누가 밀어붙이지도 않는다. 책을 읽고, 책을 쓰고 글을 창조해내며, 자신만의 세상에서 넓은 세상을 어디든지 다니며, 나의 책은 나 대신 일을 해준다. 두뇌 회전을 많이 시켜서 누구보다 폭넓은 세상을 살며 한층 젊어지는 기분으로 살게 된다. 누구에게나 책 쓰기를 권장하고 싶다. TV를 보고, 휴대전화에 매달려 있는 시간, 친구들과의 잡담 등을 하는 시간에 책을 읽고, 책을 쓴다면 자신에게 이로운 일이지 않은가! 스스로 원하는 목표를 포기하지 않는 한 실패는 없을 것이다.

2 장

소망하면
기회는
반드시 온다

인생에 선택당하지 말고
인생을 선택하라

기회는 흔히 고생으로 가장하고 있기 때문에
대부분의 사람은 알아보지 못한다.

– 앤 랜더스 –

살아온 인생이란 길은 내가 선택한 길이었음에도 내가 선택한 길이 아니었다. 어쩔 수 없이 선택하지 않으면 안 되었던 길이라고 변명 아닌 변명을 해본다. 그 당시 선택을 해야만 했을 때 좀 더 신중하게 현재에서, 미래까지 바라다보는 눈을 가졌더라면 많은 시련의 아픔들은 겪지 않았을지도 모른다. 사회 경험이 적은 탓도 있지만, 의지할 곳 없는 타지에서의 생활에서 누군가에게 의지하고 싶었던 마음이 우선이 되다 보니, 관심 있게 살펴주는 사람을 믿으려 했던 것이 결국은 이용을 당하고 많은 빚으로, 젊은 시절을 빚을 갚기 위해 살아야 하는 고된 날들을 보내야 했었다. 그렇게 자신을 만들어놓은 것은 바로 나의 잘못된 선택에서 온 내 인생 최고의 실패한 선택이었다.

중년을 넘어가는 나이가 되어서야 많은 것의 깨우침을 알게 되었다. 고생의 대가 없이 공짜로 주어지는 성공은 있을 수 없는 것을, 허황한 유혹의 말에 속아서 금방 부자가 될 것인 줄 알고 기대하며 속 빈, 강정이 되고 말았다. 누구라도 어떤 선택을 내려야 할 상황이 온다면 여러모로 신중하게 생각하여 인생에 선택당하지 말고, 인생을 선택하라고 말해주고 싶은 간절한 마음이다.

사람들은 누구나 어떤 일이든 선택을 하며 살아간다. 그러나 정말 자신이 원하는 것인지, 자신의 선택이 올바른 것인지, 현재에서 미래에까지 좋은 영향력을 갖추고 있는, 방향이 맞는 것인지에 대해 확실하게 알아보고 선택을 해야 한다.

"순간의 선택이 평생을 좌우한다."라는 말이 있듯이 신중하게 선택을 해야 한다. 삼형제 아이들에게 항상 하는 말이, 스스로 하고자 하는 일을 선택하라고 말해준다. 다만 선택하는 일이 진정으로 자신이 하고 싶고, 원하는 것인지를 신중하게 생각하여 선택하라고 한다. 순간의 선택이 잘못된 선택이라면, 다시 원점으로 되돌아오기까지는 많은 시간을 낭비하는 격이 되기 때문이다.

　인생에 선택당하여 살게 되면, 그 길은 오래가지 못한다. 자신이 원하는 길이 아니므로 빨리 지쳐버리게 되고 삶의 기쁨도 느끼지 못할 것이다. 그러나 사람들은 말할 것이다. 어떻게 선택하는 인생만을 살 수 있느냐고? 그렇지 않다고 생각한다. 살아가는 길은 모두가 자신이 선택하여 사는 삶이다. 그냥 생각해서 선택한 삶이 아닌 사는 대로의 방향에서 선택한 삶인 것이다. 이제부터라도 인생에 선택당하지 말고, 인생을 선택하여 살아가보자. 자신이 원하는 인생을 선택해 살아보는 것이 진정한 인생이라고 생각한다.

　늦은 나이가 되어서야 소원했던, 진정한 삶의 길을 스스로 선택했다. 제2의, 인생의 문 앞에서 망설일 여지도 없었고, 늦출 수도 없는 자신에게 고생으로 살아온 지난날의 특별 보너스를 준 것이다. 살아오면서 처음으로 자신이 하고 싶고 원하는 꿈을 이루기 위해 인생에서 마지막 선택을 한 것으로 생각한다. 그렇게 선택한 작가의 길을 후회하지 않기 위해 최선을 다하여 노력하고, 매일매일 조금씩 나아지는 자신을 만들며, 선택한 인생길을 가고 있다. 스스로 선택한 것이기에 그만큼 더 많은 책임감을 느끼게 된다. 한편으로는 더, 늦지 않은 시점에서 자신의 길을 찾았다는 것이 다행스럽게 여겨진다. 퇴직할 일도 없고, 은퇴도 없는 평생 직장이라는 것이 얼마나 멋진 직업인가? 누구라도 인생에 선택당하지 말고 인생을 선택하는 삶을 살아야 진정한 삶의 길을 가게 될 것이다.

전 세계에서 가장 많이 팔린 경제 경영서 『부자 아빠 가난한 아빠』를 쓴 로버트 기요사키는, 부자들의 돈에 대한 관점을 이야기해주고 있다.

"가난한 자들과 중산층은 돈을 위해 일한다. 부자들은 돈이 그들을 위해 일하게 만든다. 얼마나 버느냐는 중요하지 않다. 얼마나 모을 수 있느냐가 중요하다. 학교는 돈을 위해 일하는 법만 가르치지, 돈을 관리하는 방법은 가르치지 않는다. 경제적인 어려움을 겪는 것은 사람들이 대개 평생 다른 사람을 위해 일하기 때문이다. 지금 중산층이, 위험에 직면하게 된 까닭은 금융 교육을 제대로 받지 못했기 때문이다. 평생 청구서만 내는 삶에 한 번 빠지고 나면 끊임없이 쳇바퀴를 도는 햄스터가 되고 만다."

"당신만의, 사업을 시작하라. 직장을 유지하면서 부채가 아닌 진짜 자산을 사라. 부자들은 자산에 초점을 맞춘다. 부자가 아닌 이들은 수입에 초점을 맞춘다. 집은 자산이 아니며, 특히 그것이 가장 큰 부채라면 곤경에 처한다. 자기가 하는 일을 잘 알면 투자이고, 무작정 돈을 붓고 기도를 올리면 도박이다. 부자와 가난한 자의 근본적인 차이점은 두려움을 다루는 방식이다."

독자들이 핵심 내용을 파악하고 스스로 질문을 던지며 부자 아빠의 원칙들을 생활 속에서 실천할 수 있도록 도와주고 있다. 이렇게 인생에 선택을 당하지 말고 자신의 인생을 선택해야 한다….

메리츠자산운용 대표이자 『존 리의 부자 되기 습관』의 저자 존 리가 말하는 주가 전망 및 주식 투자법이다. 전 세계 부자들은 왜 부자가 됐을까? 그들이 가진 주식 가치가 상승해서 부자가 됐다. 그렇게 본다면 내가 부자가 되려면 어떻게 해야 할까? 주식을 소유해야 한다. 결론은 주식이다.

"1987년부터 주식투자를 시작했다. 주식은 나라가 망하기 전에는 오를 수밖에 없다. 자본주의의 기본원리다. 맞는 말이다. 한국 시장에서는 통용되기 힘들다. 미국 시장에서는 가능한 얘기다. 이 얘기에 절대 동의할 수 없다. 거품이 없어서 한국은 좋은 시장이다."

한국 주식은 안 비싸다고 말하는 존 리 대표는 아무도 눈여겨보지 않았던 수익률 최하위 회사를 취업 2년 만에 선두 그룹 회사로 탈바꿈시키면서 금융 투자 업계에 돌풍을 일으킨 메리츠자산운용의 대표다.

80년대에 연세대학교의 경제학과에 들어갔지만 자퇴하고 미국으로 건너가 뉴욕대에서 회계학과를 졸업했다. 그 후 미국의 투자 회사에서 근무했다. 스케 더, 스티븐스, 앤 크락 세 사람이 창업한 회사다. 그 회사에서 코리아 펀드를 운용하면서 월가의 스타 투자관리자로 알려지기 시작했다. 그때가 1991년 30대 나이였다. 84년 당시 상장 600억 원이던 자산이 2005년 존 리 대표가 사임할 당시에는 1조 5천억으로 성장을 시켰다.

"자본주의를 이해하면 누구나 부자가 될 수 있다고 확신한다. 주식을 산다는 것은 굉장히 흥분되는 일이다. 나를 부자로 만들 수 있는 것이다."

멋진 인생을 선택해 보람 있는 삶을 살아가고 있는 존 리 대표이다.

미국의 '존 맥스웰'은 일상을 바꾸기 전에는 삶을 변화시킬 수 없다고 한다. 남들이 평가하는 삶이 아닌, 내가 나를 어떻게 보는가에 대해 인생을 고민해본 적이 있는가? 다른 사람들이 나를 바라보는 시선 때문에 정작 하고 싶은 일들을 놓치고 살고 있지는 않은가? 이제는 생각을 바꿀 필요가 있는 것이다. 남들과 비교하는 삶은 열등감만을 불러오게 된다.

인생은 내가 선택하고, 결정하고, 행동할 때 진실한 인생이 되어준다.

누구의 선택으로 이어진 인생은 결국 빈 껍데기의 삶이 되어버린다. 명확한 목적과 목표를 세우고 자신이 선택한 인생을 살아야 한다. 준비된 자세로 선택한 삶의 길을 포기하지 않고 걸어간다면 이미 성공은 이루어질 준비가 돼 있을 것이다. 인생에 선택당하지 말고 인생을 선택한 삶을 살아야 한다.

02

꿈을 절대
놓치면 안 돼

도전은 인생을 흥미롭게 만들며
도전의 극복이 인생을 의미 있게 한다.

— 조슈아 J. 마린 —

누구에게나 가지고 있는 꿈은 있을 것이다. 만약에 꿈이 없는 삶을 살아간다면 하루하루 주어지는 시간을 보내면 그만인 반복적인 삶의 연속일 것이다. 한 번 왔다 가는 인생을 이대로 살다 가기엔 인생이 아깝지 않은가? 젊은 사람일수록 꿈이 있어야 한다. 꿈이 있으면 꿈을 이루기 위해, 꿈을 향해 살아가는, 꿈에 맞는 방향을 찾아 전진해나갈 것이다. 그러나 아직도 뚜렷한 꿈이 없이 살고 있다면, 꿈을 갖고 사는 사람들과 사는 방향부터가 다르기 때문에 자신도 모르는 사이에 점점 격차가 벌어진다. 꿈을 갖고 살아가는 삶이 허송세월하지 않게 된다.

나에게 있어서 꿈은 오랫동안 가슴에 간직한 채 하루하루 현실에 얽매여 살아가기에 바쁜 날들을 보내야 했다. 사회생활의 시작점부터 뚜렷한 꿈을 가지고 있지 않았기 때문이었다. 가난의 고통에서 벗어나려고 애쓰며 살았을 뿐이지, 꿈이라는 자체도 생각지 못하고 살았기 때문에 중년을 넘어가는 나이가 되어서야 자신을 돌아보게 된 것이다. 그때서야 많은 세월을 사는 대로 살아왔다는 것을 느끼게 되었다. 꿈이 있다는 사실이 고개를 내밀고 있을 때, 더 회피할 수가 없었다. 이번 기회를 놓치고 나면, 두 번 다시 기회는 오지 않을 것이라는 생각이 들었다. 꿈을 절대 놓칠 수가 없었다.

꿈을 이루기 위한 과정은 생기를 잃지 않는다. 꿈이 있어서 행복한 날들을 보낼 수 있는 것이다. 상상 속에서만 꿈꾸어 왔던 일이, 현실로 이루어진다. 본격적으로 꿈을 이루기 위해 도전했던 것이 불과, 6개월 전이었다. 예전에 사는 대로의 삶이 아닌 생각하며, 꿈을 이루기 위해 자신을 변화시켰고, 생활의 방식도 바꾸어갔다. 오직 작가가 되기 위하여 책을 반복적으로 읽으며 책을 써나갔다.

몇 시간 잠을 자지 않고도 잠이 모자람을 느끼지도 않았다. 그냥 늦은 밤까지 글을 창조해내며 키보드를 치는 일로 시간의 감각도 잊은 채, 책 쓰기 삼매경에 집중해 있으면 배고픈 줄도 모르고 마냥 즐거움을 느낄 수 있었다. 아마도 그만큼 간절하게 하고 싶었던 꿈의 날개를 편다는 것이 행복함을 주었기 때문이다. '시작이 반이다.'라는 말과 같이 하고자 하는 일이 있다면, 꿈이 있다면, 지금 당장 시작해보자. 꿈을 꾸면 이루어진다. 아니 이루게 되어 있다. 머뭇거리지 말고, 망설이지 말고, 과감하게 도전해보라. 꿈을 절대 놓치지 않는다면 꿈은 이루어질 것이다.

늦은 나이가 되어서 인생에 뚜렷한 목표를 세웠다. 너무 늦었다고 한숨을 쉬기보다 지금이라도 목표가 있으니 인생이 즐겁다. 사는 것도 행복하다. 목표가 없었던 예전의 삶에서는 이렇게 행복감을 느껴보지 못했다. 더 늦기 전에 정확한 목표를 세워야 한다. 큰 그림을 그리고 작은 것부터 실천하는 것을 시작하면 된다. 가다가 목표는 수정이 가능하다. 더 좋은 곳이 있으면 방향을 바꾸면 된다. 그러니 목표부터 세우고 움직여라. 그래야 정확하게 도착할 수 있다. 목표를 정하지 않으면 좋은 곳도 갔다가, 싫은 곳도 갔다가 결국은 원하지 않던 곳에 있게 된다. 많은 성공자들이 한결같이 하는 말이다.

성공하는 데는 다 이유가 있다. 결국 열심히 일만 한다고 성공하는 것은 아니라는 이야기이다. 모든 사람이 꿈을 절대로 놓치지 말고 원하는 삶을 살기를 바란다. 그러기 위해서 식당에 가서 확실하게 음식에 대해 주문해야 원하는 음식이 나오듯이 부자가 되고 싶다고 정확한 주문을 해야 부자의 삶이 이루어진다.

　부유한 삶, 성공하는 삶을 살기 위해서는 자신이 원하는 것, 바라는 것만 생각해야 한다. 자신이 추구하는 것들만 상상할 때 그러한 것들이 끌려오게 된다. 경제적 자유인이 된 사람들은 매 순간 자신이 꿈꾸는 그러한 삶을 그려왔다. 내가 어떤 생각을 하고 그 생각에 동의를 할 때 그 생각은 현실이 된다. 꿈을 이루기 위한 목표를 세워놓고 자기개발에 도움을 주는 책과 성공자들의 성공 스토리가 담겨 있는 책들을 읽고, 꿈을 절대 놓치지 않으며 꿈을 이룬 것처럼 상상하고 행동했다. 힘든 직장생활을 병행하면서도 꿈을 향해 매진할 수 있었던 것은 꿈은 반드시 실현된다는 확신이 있었기 때문이다.

　자동차의 대중화를 이끈 '자동차의 왕' 헨리 포드는 자동차는 상류층만을 위한 고급품이 아니라고 선언했다. 자동차의 대량 생산 시스템을 갖추어 누구나 차를 타고 다닐 수 있는 시대를 이끈 헨리 포드, 그는 어떻게 놀라운 일을 할 수 있었을까? 위독한 어머니를 위해 말을 타고 이웃 도시로 달려간 소년은 아무리 빨리 달려도 줄어들지 않는 거리에 한탄했다. 결국 너무 늦어 어머니는 돌아가시고 말았다.

　"말보다 빠른 것을 만들어 내고 말겠다."라는 결심을 하고 말 없는 마차를 꿈꾼 헨리 포드는 가난한 농부의 아들이었다. 15세에 학업을 그만두고 기계공이 된 그는 최고의 발명가 에디슨이 세운 에디슨 회사에서 기술 책임자까지 했으나 회사를 나와 1903년 그의 나이 40세에 자동차를 만드는 회사 '포드'를 설립했다.

헨리 포드의 노력으로 자동차의 대량 시스템이 완성되었다. 회사 설립 10여 년 만인 1914년 경쟁 자동차 회사가 6만 6,350명의 직원으로 한 해에 28만 대의 자동차를 생산할 때 포드 자동차 회사는 1만 3,000명의 직원으로 약 30만 대의 자동차를 생산했다. 그렇게 포드 T형 자동차로 포드는 미국 최대의 자동차 제조업체가 되었고, 1924년에는 미국 자동차 시장의 절반 가까이를 차지했다. 헨리 포드가 이룩한 가장 놀라운 성과는 '소수 계층만이 이용할 수 있던 자동차를 누구나 이용할 수 있는 공산품으로 바꿔 놓은 것'이다.

헨리 포드는 "인간이 해낸 가장 위대하고 놀라운 발견은, 할 수 없을 것 같다며 두려워하던 일조차도 사실은 해낼 수 있다는 것을 알게 된 것이다."라고 말했다.

그리고 포드 자동차의 성공 속에서도 헨리 포드가 잃지 않았던 경영 원칙 4가지가 있다.

첫째 : 미래에 대한 두려움과 과거에 대한 미련을 버릴 것

둘째 : 경쟁적으로 일하지 말 것

셋째 : 봉사가 이윤보다 앞설 것

넷째 : 싸게 만들어서 싸게 팔 것

헨리 포드는 "기업 역시 사회를 위한 봉사 기관이라고 생각한다."라고 말했다.

얼마나 위대한 창조자인가? 이렇게 위대한 창조자가 된 까닭은 꿈을 절대 놓치지 않고 포기하지 않았기 때문이다. 선한 정신을 바탕으로 이루어낸 위대한 성공자로 이름을 세계에 알렸다.

꿈을 이루어야겠다는 결심을 하고 〈한국책쓰기1인창업코칭협회(이하 한책협)〉의 책 쓰기 수업 과정을 신청하러 가던 날이 3월 1일이었다. 전 국적으로 코로나19가 퍼져나가기 시작했던 때라서 가족들의 반대에도 무릅쓰고 "위기는 기회의 다른 이름"이라고 말하며 새벽에 일찍 일어나 부산에서 아침 6시 30분 첫차인, 고속버스를 타고 경기도 성남시 분당에 있는 〈한책협〉에 가게 되었다.

그 후로 코로나19 여파로 온라인 화상 수업을 통하여 개인 과외와도 같은 수업을 할 수 있었다. 건강도 지킬 수 있었고 시간과 비용도 절감하면

서 더욱 알찬 책 쓰기 과정 수업을 시간 가는 줄도 모르게 들었다. 6주 과정의 책 쓰기 수업을 4월 18일 마치게 되었고, 그 후 한 달 뒤에 초고를 완성하고 5월 18일, 첫 책 출간 계약을 했다.

현재는 첫 책과 두 번째 책이 출간되어 전국 서점에 진열되어 있으며 나 대신 열심히 여러 방면으로 일하고 있다. 꿈을 절대 놓치지 않고 이루고자 했기에 오늘의 영광스러운 자리에까지 오게 되었다.

03

하늘은 항상
너에게 빛을 준다

행복은 원하는 것을 얻는 게 아니라
이미 가진 것을 원하는 것이다.

− 폴레트 미첼 −

   남편은 형님을 잃은 지 1년 6개월이란 세월이 흘렀음에도 형님의 그림자를 잊지 못하고, 한 번씩 혼자만의 혹독한 가슴앓이를 하는 것 같다. 추석 명절이 한 달도 채 남지 않았다. 그러니, 고향의 아버님을 비롯하여 조상님들의 산소에 벌초하러 갈 일들이 큰 숙제로 여겨지는 것 같다. 형님이 살아계실 때는 온전히 형님께서 알아서 하셨던 일들이 형님을 잃고 형님이 하셨던 고향의 대소사 참관을 맡아서 해야 하니 예전에는 몰랐던 형님의 빈자리가 커다랗게 다가온 것이다. 그렇게 사람이 옆에 있을 때는 그 사람의 소중함을 느끼지 못한다. 빈자리가 되어서야 그 사람의 소중함을 절실히 깨닫게 되는 것이다.

　고향에 홀로 계시는 시어머님의 아들 잃은 애절함은 무어라 표현할 수도 없을 만큼 애타는 아들에 대한 그리움을 남모르게 눈물로 세월을 보내신다. 자식이 부모 앞에 세상을 떠난다는 것은 씻을 수 없는 부모에게 제일 큰 불효를 하는 것이다. 자식을 잃은 부모는 가슴에 자식을 묻고 이 세상을 떠나는 날까지 고통 속에서 살아가게 된다. 아무리 형님 몫까지 남편이 한다 해도 형님 같은 아우는 될 수가 없는 것이다. 그러나 하늘은 항상 쉬지 않고 아름다운 세상을 밝히라고 항상 밝은 빛의 선물을 주신다….

　명절이 가까워지면 나 역시도 신경이 쓰인다. 혼자서 차례 올릴 준비를 해야 하고 음식을 만들어 고향 집에 가서 차례를 올려야 하는 현실이 버겁게 느껴져 온다. 하나님을 믿는 믿음을 가지고 있는 내가 제사 음식을 만들어 제사상을 준비해야 하는, 주어진 책임감을 떨칠 수가 없어서 현실에 맞추어 내려오는 관습에 따라, 이행할 수밖에 없는 현실이 되어 버렸다. 믿음은 믿음대로 나를 지탱해주고 있는 버팀목이다. 내 안에 계시는 하나님도 나의 마음을 인정해주실 것이라 믿는다. 믿음이 변하지는 않는 것이기 때문이다. 그렇지 않아도 아들을 잃은 슬픔이 눈언저리에 가득하신 시어머님의 아픈 가슴을 어떤 일이든, 아픔을 드려서는 안 되기 때문이다. 나를 내려다보고 있는 하늘의 빛이 말해준다. 잘하고 있다고, 항상 나의 앞길에 밝은 빛만을 비추어줄 것이라고….

가끔 마음이 울적하거나 무엇인가 잘 풀리지 않는 일이 있을 때면 남편이나 둘째 아들과 낚시를 하러 간다. 굳이 물고기를 잡기 위해 가는 낚시가 아니라 내면의 아이와 대화를 하려는 의도에서, 가는 낚시라고 해야 할 것 같다. 낚싯대를 물에 드리우고 훤히 트인 바닷물을 바라보며 조용히 자신과의 대화를 나눈다. 그러다 물고기가 미끼를 물고 찌가 움직이면 자동적으로 손맛을 느끼며 환희의 쾌감을 맛본다. 그리고 잡은 물고기를 놓아주며 다시는 잡히지 말고 잘 자라라고 바다에 돌려보낸다. 횟감이 좋은 물고기를 많이 잡을 때면 횟집에서 회를 떠주어 맛있는 회를 먹기도 한다.

한참을 바다와 내면의 아이와 대화를 하다 보면 어느덧 시간은 노을이 지는 아름답고 황홀한 그림 같은 풍경을 보너스로, 눈과 마음을 호강시켜준다. 남편이나 아들과 평소에 하지 않았던 이야기도 나누다 보면 서로에게 더 가까이 다가가게 되고, 서로 더 잘 알 수 있는 벽이 없는 애틋한 정을 느끼게 된다. 낚시의 외출은 한편으론 나의 부질없는 욕심이나 잡념들을 모두 비워낼 수 있는 하나의 삶의 원동력이 되어준다. 하늘과 맞닿은 끝이 보이지 않는 지평선의 끝자락은 하늘빛과 마주하여 최고의 신비로운 아름다움을 보여준다…. 이렇게 하늘은 모든 것을 항상 밝은 빛으로 끝없는 선물을 내려준다.

『50부터는 인생관을 바꿔야 산다』의 저자 사이토 다카시는, 50세의 나이에 중요성에 대해 말하고 있다.

"나이 50세가 되면 직장에서의 연봉이나 직위, 일 등이 달라져 자존심에 큰 상처를 입거나 정체성에 혼란을 겪는 시기입니다. 회사에서의 위치는 한계에 부딪힐 수밖에 없고 직급의 변화로 아랫사람에게 지시를 받는 상황이 되기도 하고, 한직으로 이동하는 때도 있지요. 가정에서도 자녀들은 부모와 대화하려 하지 않고 부모의 품을 떠나려고 합니다."

인간관계에서도 새로운 사람과 만나야 할 이유가 없어지고 친구나 지인들과 교제를 오히려 줄여야 할 시기라는 것이다. 예전에는 멀게만 느껴졌던 노화와 죽음이 눈앞으로 다가오기 시작했다는 것도 이제 실감하게 되는 시기인 것이다.

꿈을 위해 과감하게 투자하는 것도 50대에는 위험한 일이다. 그래서 많은 사람이 50을 인생의 대 변환기라고 생각한다. 50대부터는 모든 곳에서 다른 역할을 강요받기 시작한다. 이제껏 추구해왔던 인생의 목적이

나 가치의 기준이 흔들리면서 위기가 한꺼번에 찾아오는 시점이다.

이 위험한 시기를 탈피하기 위해서 50대에 이른 분들은 지금부터 자존심, 일, 사람은 버리고 오직 나를 위해서 가치관을 재정립해야 한다. 해야 할 일과 하고 싶은 일이 어긋나는 건 당연하다는 걸 받아들여야 한다. 자존심을 버리고 타협할 줄 알아야 하며 이룰 수 없는 꿈은 과감히 내려놓고 주변의 인간관계도 재정비해야 한다.

오직 나를 위해서만은 살지 못한다. 하지만 이제부터라도 내 삶의 일순위에 나를 세우고자 노력한다. 이순의 나이가 되면 대부분 이처럼 깨닫고 살아가고 있다고 믿는다. 혹여 그렇지 않더라도 그 또한 최선이라 생각한다. 그러면 됐다. 뭐, 사는 일에 정답은 없지 않은가. 하지만 무턱대고 이대로만 살다 가는 인생처럼 허무하게 살아서는 안 된다. 하늘은 누구에게나 공평하게 밝은 빛을 아무런 값 없이 선사한다. 그 햇살을 무의미하게 받고만 살아서는 안 되지 않겠는가? 값 없이 받는 빛의 선물이지만 밝은 빛의 대가는 진정한 삶의 길을 참된 인생으로 살아가는 것이 사람으로 태어난 근본의 삶이라는 생각이 든다.

세상은 나에게서 비롯되어 살아가고 있다. 자신이 살아가고 있으므로 주위의 모든 것들이 관심사가 되는 것이다. 오랜 세월을 똑같이 살아온 삶의 길이 한순간에 바뀌지는 않는다. 그러나 삶의 길은 자신의 몫이라는 생각을 한다.

오래도록 알고 지내왔던 한 청년은 사춘기 시절부터 또래의 친구들과 어울려 일명 좀 논다고 하는 주먹잡이들과 거친 청소년 시절을 보내고 오토바이 퀵 서비스 배달 아르바이트를 했다. 얌전한 청소년들과는 다른, 거친 청소년 시절을 보내던 청년은 지금은 배달 업무의 일종인 오토바이 배달 업체의 대표로 우뚝 서 있게 되었다.

그의 어머니는 주먹잡이들과 어울려 다니던 청년의 청소년 시절에 밤, 낮으로 아들 걱정에 제대로 밤잠도 못 이루며, 마음고생을 무척이나 많이 했다고 한다. 그렇게 가슴을 졸이며 아들을 지켜봤던 그의 어머니는 성공해서 사회에 꼭 필요한 부분의 대표 자리에 오른 아들이 대견스럽다고 자랑을 할 정도로 아들의 칭찬을 한다. 예전에는 아들의 얘기라면 걱정이 태산 같다고 하시던 어머니가 지금은 그 아들 칭찬을 자랑스럽게 하시고 있다. 이렇게 하늘은 항상 똑같은 빛으로 어머니의 마음처럼 지켜주고 있다.

사람의 앞날은 현재의 모습만 보고 예측할 수 없는 것 같다. 누구나 자신의 노력에 따라 달라질 수 있는 것이다. 하고자 하는 일이 있고 목표가 있다면 목표에 도달하기 위한 길 또한 있기 마련이다. 목표를 이루기 위한 길을 포기하지 않고 끝까지 굳은 신념으로 밀고 나간다면 목표는 반드시 이루어질 것이다. 그런데도 도중에 포기하는 사람들도 많다. 그렇게 되면 애초에 시작하지 말았어야 한다. 원래 있었던 자리에서 예전보다 마이너스 상태로 돌아가게 되어버린다고 생각을 해야 한다.

시작했다면 끝까지 최선을 다하여 해내고야 말겠다는 인내심을 갖고 꾸준히 행동과 실천을 해나가야 한다. 간혹 넘어질 때도 있기 마련이다. 그러나 다시 일어나 걸어가면 된다. 하늘은 항상 밝은 빛으로 평화를 이루어가길 바라고 있다.

04

현실은
상상에서 온다

자신이 생각하기에 가장 멋지고 훌륭한
이상적인 모습을 매일 상상하라.

- 켈리 최 -

새로운 길을 간다는 것에 대한 두려움과 자신이 할 수 있을까 하는 의문이 꼬리표처럼 따라다니며 한순간에 자신감을 무너뜨리곤 한다. 한 번씩 그런 회의감이 밀려올 때면 며칠 동안 한 글자도 못 써 내려가기도 한다. 그럴 때마다 지난날 힘든 과거로 돌아갈 것인가를 나에게 묻기도 한다. 그러면 내면의 대답은 두 번 다시는 과거로 돌아가고 싶지 않다고 한다. 집 앞에 있는 공원에 나와 벤치에 앉아 한참을 멍한 기분으로 앉아 있기도 하며, 그럴 때마다 다시금 마음을 가다듬으며 도전하고자 하는 의식을 키워나간다. 여기까지 올 수 있었던 것도 과거에 내가 상상했던 일들이 지금의 현실로 이루어진 것이다.

국수를 전문적으로 파는 식당에서 일할 때였다. 여름이 계절 중 최고의 매출이 올라가는 시기여서 무척이나 바쁘게 빠른 속도로 국수를 삶아내야 했다. 급한 마음으로 국수를 끓는 물에 집어넣고 국수가 끓어 오르는 물에 장화를 신지 않고, 발등이 보이는 신발을 신고 있었던 탓으로, 발등 위로 끓는 물이 쏟아져 순식간에 큰 화상을 입게 되었다. 양말을 벗고 흐르는 수돗물에 발등을 적시니, 금방 화상으로 물집이 부풀어 올랐고 이루 말할 수 없이 극심한 아픔이 몰려왔다. 화상 연고 하나도 준비가 되어 있지 않아서 처방도 못 하고, 손님은 밀려오고 있고, 그 와중에 주인인 사장님은 볼일을 보러 외출 중이었다.

일을 대신에 해줄 사람도 없는 터라 신발을 벗은 채로 화상의 아픈 고통을 겪으며 국수를 삶아 손님을 치루어야 했다. 그렇게 바쁜 시간을 가슴을 저미는, 속울음을 울면서 국수를 삶아 밀려온 손님을 치루고 바쁜 시간이 한참을 지나서야 연락을 받은 사장님이 화상 연고와 상처에 붙이는 거즈 등을 사오셨다. 그리고 사장님 하시는 말씀이 흘리는 말로 '병원에 가봐야 하지 않겠니?'라고 한다.

지금도 그때 그날을 생각하면 인생 최고의 쓴맛을 느꼈던 날이라고 기억을 하게 되었다. 돈이 우선이 되어버린 세상이 사람들의 마음을 각박하게 만들어놓는다는 것이 마음을 무겁게 한다. 그러나 이 고통도 자신을 단련시키는 동기가 되어주었다고 생각한다. 뜨거운 물을 가까이하면서 안전하도록 장화를 신지 않은 나의 잘못이 큰 화를 불러오게 했다. 이러한 경험들이 사람을 대하는 바른 태도의 인성을 갖추어야 한다는 생각을 할 수 있는, 산지식을 얻을 수 있었다.

이제는 그 어떤 상처도, 상처라고 받아들이지 않기로 했다. 가슴에 쌓여 있는 상처들도 몰아내려 해도, 뿌리 깊은 상처는 그대로 남아 한 번씩 고개를 내밀 때면 다시금 상처의 아픔을 되새김하게 한다. 나만이라도 상대방에게 상처 주는 일은 하지 않아야겠다는 다짐을 해본다.

순간의 생각지 못한 말이 상대방에게 뿌리 깊게 상처로 남을 수 있다는 생각에 항상 상대방을 염두에 두고 생각해서 되도록 긍정의 말을 해야 한다.

요즈음은 상대방을 염두에 두지 않은 채, 각박해진 마음 탓인지, 바쁘게 세상이 움직이기 때문인지 말 한마디 실수로 인해 서로에게 안 좋은 이미지를 안겨주는 일들이 비일비재하게 일어난다. 여유 없는 마음에서 생각 없이 하는 말들이 서로에게 상처를 주는 결과를 불러오는 것이다.

"말 한마디에 천 냥 빚도 갚는다."라는 속담도 있다. 불가능한 일이나 큰일을 뜻하지만 말 한마디가 얼마만큼 중요한지를 보여준다. 그럴듯한 한마디 말로 천 냥이나 되는 큰돈을 갚는다. 천 냥이면 엄청나게 큰돈일 텐데 그 돈을 말 한마디로 갚는다니, 말이 얼마나 중요한지를 너무 잘 표현해준다.

우리가 살아가는 생활 속에서 말이 얼마나 중요한지를 느끼며 살아간다. 칭찬을 아끼지 마라. 말하는 데 돈이 들어가는 것도 아닌데 왜 칭찬이나 좋은 말을 하는 데 인색할까? 아름다운 말 한마디는 윤활유처럼, 사람과 사람 관계를 부드럽게 해준다. 서먹한 관계를 친근하게 해준다.

말 한마디가 이처럼 중요한데 아름다운 세상을 만들어가야 한다. 부부 사이에서나 가족 사이에서도 항상 좋은 말로 인하여 사랑과 행복과 평안함이 가득한 가정을 만들어가도록 해야 한다. 바쁘게 움직여야 하는 시대의 흐름이 사람들의 마음마저도 이기적으로 몰아가는 일들이 많다 보니 개인의 감정만으로, 상대방의 생각을 합리화시키려는 일들이 나타나는 것이라는 생각을 한다.

평소에 반복해서 했던 말과 빈번하게 상상으로, 그려왔던 일들이 현실로 다가오는 것이라고 한다.

성공하는 사람, 인생이 잘 풀리는 사람들은 항상 하는 말과 상상했던 것들이 성공하고 인생이 잘 풀리는 삶을 살아가는 데 기본 요건이라고 한다. 자신이 진심으로 원하는 것과 찾고 있는 것을 정확히 알고 준비하며, 성공을 이루기까지 포기하지 않는 굳은 신념을 가져야 한다고 한다. 불가능이란 약점을 가능한 일이라고 인식하고 자신을 믿을 때 성공은 자신을 믿어주는 사람에게 찾아오게 되어 있는 것이다. 성공은 자신이 이루어야 할 자신의 몫이다. 자신이 인생의 지도자이며, 인생길의 나침반이다. 성공을 이루기까지 마음 한구석에 있는 조금이라도 실패에 다가가는 단어는 떠올리지조차 말아야 한다. 생각의 상상들이 실패와 좌절을 겪을 수도 있기 때문이다.

누구나 자신의 삶은 스스로 개척해나가야 한다. 이루고자 하는 꿈이 있는 한 새로운 인생을 창조해낼 수 있을 것이다. 꿈이 있는 사람은 꿈을 이룰 수 있는 열정도 지니고 있다. 포기는 성공의 거리 근처에 있다. 중도에 포기한다는 것은 전혀 알지도 못하는 사람에게 승리의 깃발을 안겨주는 일이 되고 마는 것이다. 원하는 모든 것은 상상했던 대로 현실로 나타나게 되는 것이다.

이대로 살다 가는 인생은 서글픈 인생이다. 가치 있는 삶을 살아가야 보람된 인생이라고 말할 수 있지 않을까? 가치 있는 인생을 살기 위해서는 자신에게 얼마만큼 가치 있는 인생을 살 것인가에 대해 행동을 해야한다. 스스로 가치 있는 삶의 방향을 찾아 행동하고 자신의 노력 여하에 따라 가치 있는 삶이 자신에게 찾아올 것이다. 생각하며 사는 삶의 길이 진심 어린 자신의 가치 있는 삶으로 안내자의 역할을 할 것이다.

알고 있는 지인의 딸은 20대의 초반부터 해외여행을 시간이 날 때마다 끊임없이 여러 나라를 다녔다. 그 딸의 방에는 해외여행에서 사 온 기념품과 이름이 있는 멋진 여행지의 사진들로 전시회를 준비한 듯 가득히 진열되어 있었다. 그녀의 꿈은 해외에서 사는 것이라고 한다. 그런 꿈을 가지고 있었기 때문에 해외여행을 지속해오던 그녀는 현재 외국 계열의 기업에 직장을 마련하게 되었고 반복해온 해외여행에서 얻게 된 많은 정보와 지식들로 아이디어를 창출하여 직장에서 뛰어난 재능을 발휘하여 해외를 다니며, 무역업에 필요한 일에 큰 성과를 올리는 역할을 하고 있다고 한다. 이렇게 꿈이었던 생각의 상상들이 현실로 이루어졌으며, 소망했던 대로 해외를 오가며 최고의 가치 있는 삶을 꿈꾸어왔던 대로 이루어가고 있다고 한다.

뜻이 있으면 길 또한 있는 것이다. 노력에 대해 대가는 반드시 따라온다. 그냥 주어지는 값이란 없다고 본다. 성공은 자신의 노력 여하에 따라 이루어지는 것이다. 나에게 현실에 이루어진 일들도 모두 평소에 생각하고 상상했던 것이다. 현실로 다가오기까지 상상했던 것을 생각에서 그치지 않고 이루기 위해 목표를 정하고, 행동하며 실천에 옮긴 결과, 내가 생각하고 상상했던 대로 이루어졌다.

미래의 모습도 현재 내가 생각하고 상상하는 모습대로 준비되어 있을 것이다. 미래의 준비된 모습을 찾아가기 위한 오늘 할 수 있는 최선을 다해, 오늘을 살아가고 있는것이다. 현실의 삶도 자신이 생각하고 상상했던 대로 오늘의 모습으로 다가온 것이다.

인생에
한계란 없다

우리의 환경, 즉 우리가 살고 또 일하고 있는 세계는
우리의 태도와 기대의 거울이다.

- 얼 나이팅게일 -

예전에 같이 일을 했던 지인은 30세를 넘은 딸이 원인 모를 불치병에 걸려 한밤중에 갑작스럽게 통증이 오면, 병원 응급실로 가야 하는 일이 수시로 있다 보니 예고도 없이 출근하지 않을 때가 빈번했다. 다 큰 딸이 원인도 알 수 없는 병으로 병원비와 치료해야 하는 약들도 통상적인 병의 약값보다 몇 배로 더 비싼 치료와 약값이 들어간다고 한다. 지인의 몸도 건강하지 못한 터라 이래저래 큰돈이 들어간다고 했다.

열악한 환경으로 감당하기엔 턱없이 부족해서 부모, 형제, 알고 있는 지인들에게 빌린 돈도 많다고 한다. 그런 사정으로 적은 돈이라도 벌어야 하는데 딸 옆에서 간호해야 하니 적은 돈도 벌 수가 없는 상황이었다.

결근하는 이유를 물으니, 어렵게 입을 떼며 사정 얘기를 하며 눈물을 흘렸다. 곁에서 이야기를 듣다 보니, 가슴이 아파왔다. 건강한 자체만으로도 큰 축복이라는 것을 새삼스레 느끼게 한다.

우리는 가장 소중한 것을 가지고 있으면서도 소중함을 깨닫지 못할 때도 많다. 건강한 몸이라도 소홀히 여기지 말고 건강을 지켜나가야 할 것 같다. 그러한 가정환경 속에서도 자식의 아픔을 대신해주지 못하는 부모의 안타까움은 속이 타들어간다고 한다. 부모가 되어 자식을 위한 길의 한계란 없는 것인가 보다.

세상의 모든 부모가 끝없이 지키고자 하는 자식에 대한 사랑은 한계를 두고 있지 않은 것 같다. 살아가고 있는 인생길도 이와 같다는 생각이 든다. 언제 흘러갔는지 돌아보니 젊은 시절은 저만치 지나왔고 어느 사이 나에게도 늦가을의 고운 옷을 갈아입는 듯이 흰 머리가 헤아릴 수 없이 돋아나는 황혼기의 인생에 발을 들여놓고 있었다. 이 모습에 아차, 싶은 마음에 자신의 인생을 돌아보니 사는 대로 바쁘게 살아왔을 뿐 무엇하나 해놓은 게 없었다.

이대로 그냥 살다가 갈 수는 없다는 생각에 새로운 삶의 길을 선택하게 되었다. 선택한 제2의 삶의 방향을 향해 가면서 원하던 작가의 꿈을 이루었다. 그러자 다시 또, 새로운 꿈이 움트고 있었다. 남은 삶을 작가의 길을 가야겠다는 한 가지 소망을 이루고 나니, 또 다른 욕망이 생기게 되는 것이 사람의 심리라고 여겨진다. 사람은 누구나 원하는 일에 집중하여 행동과 실천으로 원하는 일을 성취해낼 수 있게 된다. 욕망과 신념을 가지고 살아갈 때, 뜻하는 대로의 삶은 이루어질 것이다. 더불어, 인생에 한계란 없는 것 같다.

코로나19가 어느 정도 소멸하여 가고 있을 즈음 서울 광화문광장에서의 집회로 1천 명 이상의 사람이 참여하면서 감염증 환자가 급속도로 늘어나고 있었다. 사회의 강화된 거리두기 2단계에서 2.5단계를 도입하게 되었고 거리에는 사람의 모습이 확연히 줄어들고 있는 사회의 분위기였다. 거리두기 2단계에서도 생업을 이어가기 힘겨웠던 사람들이 거리두기 2.5단계가 지속 되자, 이제는 생업을 이어갈 수도 없고 시간이 흐르는 만큼 빚을 더 짓는 현실에 이르자, 동네의 상점들이나 부산의 번화가라고도 할 수 있는 서면, 온천장, 부산대 앞 등 전국적으로 권리금도 없이 내놓는 상점들이 곳곳에 늘어나고 있었다. 이런 와중에 가게를 내놓고 시일이 흘러서도 선뜻 해보려고 나서는 사람들이 없는 사회 흐름이었다.

부산의 번화가라고 할 수 있는 부산대 근처에서 젊은 사람들 중심으로 식당을 운영하던 지인도 가게를 내놓은 지가 반년이란, 세월이 지난 상태인데도 문의를 하는 사람조차도 없는 실정이었다. 할 수 없이 하루하루를 마이너스 영업을 하던 중, 지인의 아들이 '손님이 찾아와서 먹어야 하는 영업 형태'에서 '배달해서도 먹을 수 있는 영업 형태'로 바꾸면서, 외출을 줄여야 하는 코로나19의 사태로 점점 배달음식을 시키는 손님이 늘어나면서 예전만은 못하지만 조금씩 수입도 늘어나게 되었고 영업을 지속할 수 있는 활력소도 얻었다고 웃으며 이야기를 한다.

이렇게 코로나19의 여파로 인해 많은 사람이 다니던 직장을 잃고 개인사업을 하던 사람들도 파산하며, 직업을 잃고 힘들어하는 사람들이 수없이 많은 현실에 이르고 있다. 생계를 유지하기 위해 좌절하지 않고, 분주하게 새로운 직장과 일거리를 찾기 위해 하루하루를 힘들게 버텨나가고 있다.

가지고 있는 특정한 기술이 있어도 기술에 맞는 직장을 구하기도 어려운 사회의 전반적인 실태가 되다 보니 많은 사람이 살아가기 위해서 평소에 전혀 해보지 않았던 일들이라도 일을 할 수만 있다면, 할 수밖에 없는 현실이었다. 이런 어려운 현실에서도 또다시 서로의 살아가기 위한 삶의 대책을 마련한다.

모든 사람은 누구나 자신의 삶을 개척해나간다. 왜일까? 인생에 한계란 없기 때문일 것이다.

저자 김진호, 최용주의 『빅데이터 리더십』에서 제4차 산업혁명 시대, 리더의 조건에 대해 말하고 있다.

"리더는 무엇을 리드해야 하는가?"
"성공하는 리더는 어떻게 이끄는가?"

"서울 시민들이 가장 불편해하는 것은 무엇일까? 시민들은 '심야에 택시를 잡기가 어렵다'라는 것을 가장 불만스러워 했다. 이런 불편을 해소하기 위해 서울시가 심야버스를 도입하자 회식이나 야근 등으로 늦게 퇴근하는 직장인들은 물론 대리기사, 수험생, 청소원 등 심야에 이동하는 사람들은 안성맞춤 서비스라며 폭발적으로 반응했다. 이렇게 심야버스가 '서민의 발' 노릇을 톡톡히 하고 있다."

서울시 심야버스의 성공에는 뛰어난 지도력에 데이터 분석을 활용한 노선 선정이 가장 큰 역할을 했다. 이 역시, 리더들의 현명한 선택이 여러 가지 이유로 장거리를 이동해야 하는 많은 시민에게 유일한 심야의 교통에 큰 도움을 주게 되었다. 지도력을 발휘해 성공하는 리더들의 인생에서 한계란 없다고 여기는 성공 철학이 있기 때문이다.

사람에게 한계란 없다는 것을 더욱 잘 알게 해주는 사람은 바로 20세기 최고의 복서이자 전쟁과 인종차별에 맞서 싸운 무하마드 알리이다.

"나비처럼 날아 벌처럼 쏘겠다."라는 유명한 말을 한 알리는 훈련하는 일분일초가 너무 힘들었다. 하지만 '포기하지 말자. 지금 고생하고 남은 인생을 챔피언으로 살자.'라고 다짐했다. 그도 처음에는 무명 복서였다. 그의 이름이 세상에 알려지기 시작한 것은 세계 헤비급 통합 챔피언 소니 리스튼과의 경기에서 리스튼을 쓰러뜨리고 하늘로 펄쩍 뛰어오르며 "나는 위대하다! 나는 왕이다! 세상의 왕이다!"라고 말하면서부터다.

그가 '영원한 챔피언'이 될 수 있었던 것은 단순히 권투를 잘하는 강자였기 때문만은 아니다. "위대한 챔피언이 되기 위해서는 자신이 최고라고 믿어야 한다. 현재 최고가 아니라면, 최고인 척하라."라고 한다. 그가 바로 자신의 인생에 한계란 없다는 굳은 신념을 가지고 있었기 때문이다.

그는 많은 명언을 남겼다. 그의 명언 중, "네 꿈이 만약 너를 두렵게 하지 않는다면 그 꿈은 충분히 크지 않은 것이다."

많은 시간을 허비하는 나에게 이 명언이 절실하게 공감이 됐다. 두려웠다면 현재 살고 있는 상태로 살아선 안 될 것 같다. 자기 관리에 약하고 하루의 시간을 절대 허투루 보내면 안 된다는 것을 깨닫게 한다. 나의 꿈, 작가가 되기 위해, 누군가의 멘토로 살기 위해, 평생 학생으로 살기 위해, 평생 작가의 직업으로 살기 위해, 난 지금 이렇게 자유로운 시간들을 보내면 안 되는 것이었다. 자기 관리의 체력만큼이나 중요한 것은 시간, '시간 관리'가 가장 중요하게 다가왔다. 항상 모든 시간의 선택은 나의 몫이다. 모든 사람이 자신의 시간을 살며 자신의 꿈을 이루고 당당한 삶을 살아가야 한다. 본인이 어떻게 살아가든 시간은 흘러간다. 자신의 시간을 살지 못하고 꿈에 다가서지 못한다면 세월이 흐른 후에야 후회가 따라온다. 지금이라도 자신의 꿈을 향해 시작해보자. 누구에게나 인생에 한계란 없다.

내 인생의 스승은
가난이었다

당신이 지금 달린다면 패배할 가능성이 있다.
하지만 당신이 달리지 않는다면, 당신은 이미 진 것이다.

– 버락 오바마 –

J. G. 홀랜드의 말이 가슴에 와닿는다.

"신은 모든 사람에게 공평하게 음식을 준다. 그 음식을 취하느냐는 각
자의 몫이다."

사람이 일평생을 살다 보면 세 번의 기회가 찾아온다고 한다. 과연 그
렇다고 전적으로 믿을 수는 없는 것이다. 기회는 모든 사람에게 공평하
게 주어진다. 그 기회를 잡는 사람과 잡지 못하는 사람이 있다. 그 기회

를 잡는 사람은 자신감이 충만한 사람이다. 기회를 잡았다고 해서 실패 없이 성공에 이르는 사람은 드문 것이 인생 지론인 것 같다. 기회를 잡았다고 확신했는데 기회는 허무맹랑한 거짓말의 사탕발림으로 사람을 기만하고 사기를 치는 사람으로 인하여 본인의 의도와는 달리 순식간에 빚더미를 껴안은 채 오랜 세월을 빚에 떠밀려 청춘 시절을 즐겨볼 새도 없이 암울한 세월을 보내야 했다.

느닷없이 찾아온 가난의 현실에서 살아나가야 하는 방법은 쉴 새 없이 일하며, 한 푼이라도 절약하여 하루빨리 빚을 청산해야 숨통이 트일 것 같은 생활을 할 수 있겠다는 생각뿐이었다. 그런 생활 방식으로 오랜 세월을 지내다 보니 절약 습관의 생활로 빚더미에서 벗어날 수 있었고 지금까지도 절약하는 습관의 생활을 하게 되었다. 그런 생활의 태도가 뒷받침되어주지 않았다면 아마도 인생의 낙오자가 되었지 않았을까 하는 생각을 해본다. 지금까지의 살아온 삶에서 내 인생의 스승은 가난에서 비롯되었다.

성공한 사람들 중에는 가난한 환경을 딛고 일어선 사람들이 많다. 가난이라는 현실로 가정과 가족에게 불편한 생활을 해야 했지만, 가난의 환경에서 자라온 아이들은 경제 관념과 돈의 개념에 남다른 관점을 가지고 있다. 돈이 생기는 대로 써버리지 않고 한 푼이라도 절약하며 모으려는 데 집중을 한다. 돈을 써야만 하는 일 외에는 함부로 돈을 낭비하지 않는다. 가난했던 가정환경이 아이들에게 산지식을 심어준 셈이 되었다. 일부러 가르치지 않았어도 부모님의 가난을 극복하기 위해 절약하는 습관의 생활 속에서 보고 자란 탓으로, 아이들에게도 그 생활이 반영되었기 때문일 것이다.

무엇보다 학생의 신분에서부터 돈의 소중함을 알고 잘살아보겠다는 긍정적인 사고를 하고 있으며 미래에 큰 꿈으로 성공할 것이라는 목표를 설정해놓고, 꿈을 향해 나아가고 있는 아이들에게 너무나 감사하게 생각한다. 부자인 부모를 두었더라면 돈에 대한 소중함과 가치를 가볍게 여겼을 것을 가난한 부모 밑에서, 가난이란 것을 겪고 살아왔기에 가난이란 것이 얼마나 겪기 힘든 생활이라는 것을 잘 알고 있으므로 그 누구보다 꼭 성공하고야 말겠다는 굳은 결심을 할 수 있는 산 경험의 지식을 얻게 된 것이다. 이렇게 내 인생에 스승은 가난으로 얻은 결실이었다.

사람에겐 누구라도 시련과 고난은 따르기 마련이다. 그러나 얼마나 슬기롭게 주어진 시련과 고난을 극복해나가느냐에 따라 성공과 실패의 두 갈래 인생길이 주어질 것이다. 자신의 인생에서 좌절하지 않고 포기하지 않는다면 앞으로의 밝은 미래가 자신에게 주어질 것이다. 시련과 고난이 주어질 때는 축복을 받기 전의 삶의 단련 기간 중이라고 생각하면 된다.

시련 뒤엔 반드시 그에 합당한 축복이 준비되어 있다. 또한 인생에서 만나는 시련과 고난의 삶들은 앞으로의 삶을 살기 위한 큰 가르침의 스승을 만난 것이라는 생각을 한다.

카네기멜런대학교의 교수였던 랜디 포시는 역경에 대해 이렇게 말한다.

"역경이 존재하는 이유가 있습니다. 역경은 우리를 몰아내기 위해 존재하는 것이 아닙니다. 역경은 우리가 무언가를 얼마나 간절히 원하는지 깨달을 기회를 주기 위해 있는 것입니다. 그것을 충분히 간절히 원하지 않는 사람들에게 역경은 그만하라고 말합니다. 역경은 그런 사람들을 단념하게 하려고 존재합니다."

그의 말처럼 하루빨리 가난에서 벗어나기를 간절히 원했다. 고기를 중심으로 파는 식당에서 찬모 자리를 맡아서 일할 때였다. 아침 9시 반, 정도에 출근해서 밤 10시까지 일하는데 찬모 역할을 대신해줄 사람이 없는 터라 쉬어야 할 휴일도 없이 20여 일을 넘게 일해야 했다. 하루 이틀씩, 바쁜 주말이나 연휴가 끼인 날일 때 불러 쓰는 일당제 분들에게도 맡길 수 없는 자리여서 쉴 기회를 찾을 수가 없었다. 20여 일을 쉬지를 못하고 일을 하니 집에 일은 밀려 있고 몸은 몸대로 피로가 쌓여 지칠 대로 지쳐

갔다. 사람으로 사는 삶이 아닌 정신력으로 버텨내고 있었다. 보조 역할을 할 수 있는 사람이 구해지지 않아 하루하루 정신적으로 투쟁을 하는 시간이었다. 그러다 도저히 버텨내기가 힘들어, 내가 쉬게 되면 해놓은 음식 재료대로 팔라고, 쉬는 날의 음식을 준비해놓고 주인이신 사장님께 음식을 만들어내는 것을 전수해 드리고 휴일을 얻을 수 있었다.

쉬지 못하고 일하는 내가 돈이 아쉬워, 한 푼이라도 더 벌기 위해 쉬지도 못하면서 일을 하는 사람으로 여기고 하루라도 빨리 사람을 대처해주지 않는 주인 의식이 원망스러웠다. 돈의 개념으로 사람을 대하는 사람들이 많다. 돈이 우선이 아니고, 사람이 우선이지 않은가? 돈이 있고 없는 것으로 사람을 대하는 잘못된 사람들의 인성이 고쳐져야 한다고 생각을 하게 한다.

제아무리 못났어도 돈이면 다인, 세상 흐름이 가난한 사람들을 더 슬프게 한다. 돈으로 포장해서 앞가림하고 돈이 없고 돈으로 공치사를 못하는 사람들은 제아무리 실력이 뛰어나도 뒤로 밀려나는 형국이 우리 사회에 비일비재하게 일어나고 있다. 이런 것을 알면서도 말 못 하고 본의 아니게 뒤처지는 사람들은 살아가기 위해 몇 배의 노력을 하며 치열하게 살아가고 있다. 이렇게 가난이란 것은 많은 삶의 지혜를 얻게 해주는 큰 스승이 되어주었다.

가난한 환경에 처해 있다고 해도, 앞으로의 미래까지 가난 속에서 살지 않으려면 미래를 위해 치열하게 노력해야 한다…. 모든 분이 자신의 미래에 대한 꿈을 설정하고, 끊임없이 도전하고 열정적으로 절실한 노력을 해야 한다. 노력의 대가는 반드시 따라온다. 어제나 오늘이나 다가올 미래까지 제자리걸음을 걷지 않는 삶은 자신에게 달려 있다. 무슨 생각으로 어떻게 사느냐에 따라 자신의 미래는 결정된다. 누구나 한 번 왔다 가는 인생을 아무런 의미 없이 사는 대로 그냥 살다가 가는 삶이 되지 않기 위해서 항상 생각하는 삶의 방향을 이왕이면, 무언가라도 이루고 가는 인생을 살다가 가는 것이 최고의 삶의 길일 것이다. 오늘 가난하다고 미래까지 가난을 면치 못한다면 인생의 패배자가 되는 것이다. 생각하는 대로, 꿈꾸는 대로 행동하고 실천에 나가는 길이 삶을 변화시키고, 성공을 맞이하는 날이 반드시 준비되어 있을 것이다.

가난을 겪어봤다면 누구보다 빨리 성공을 할 수 있는 지혜를 갖고 있을 것이다. 가난으로 겪어본 경험들이 삶을 살아가는 데 많은 도움을 주었다. 가난을 겪어보지 않은 사람들과의 차이점은 이루 말할 수 없이 많을 것이라고 말할 수 있다. 아무리 힘든 시련과 고난도 충분히 이겨낼 면역력을 가지고 있게 된 것이다. 끈기와 인내심도 가난에서 얻어진 큰 교훈이었다. 가난한 가정환경이 어렸던 아이들에게는 잊을 수 없는 아픔을 남기기도 했지만 다섯 식구가 옹기종기, 방 한 칸에서 생활하며 얻어진

잊을 수 없는 행복한 추억들도 많이 간직할 수 있었다. 가난은 아이들을 강하게 만들었고, 아무리 힘든 일도 해낼 수 있는 엄청난 큰 삶의 산지식을 남겨주었다. 가난했던 지난날이 더없이 힘든 시절이었지만 지금에 와서 돌아보면 축복의 선물을 받기 위한 삶의 버팀목이 되어준 최고의 스승이었다.

07

터닝 포인트는
나를 바꿨다

현실이 중요한 것이 아니라, 당신이 그것을
어떻게 해석하고 무엇을 하느냐가 중요한 것이다.

– 웨인 다이어 –

사람들은 자신이 가고 있는 길에서 벗어나기를 두려워한다. 이런 생각
은 누구나 마찬가지일 것이다. 그러나 그들 중, 자신을 믿는 믿음이 단단
한 사람들은 자신의 삶 또한 개척해나가는 자신감을 느끼고 있다. 늘 가
던 방향의 길이 아닌 새로운 인생의 길은 가보지 않은 길이기에 두려움
과 불안감으로 선뜻 다가가지를 못하는 것이다. 무조건 시도를 해보지도
않고 그냥저냥, 신경 안 쓰고 사는 대로 편하게 대충 살다 가면 된다는
사고방식을 버리지 못하고 자신이 말하는 대로 평생을 직장 생활을 하며
받는 월급에 의존해 3년 전이나 오늘이나 머지않은 미래에까지 반복되

는 삶에서 벗어나지 못하는 생활을 하며 살아간다. 자신이 원하는 삶이 아닌 살아온 삶에 기준으로, 이루고 싶은 꿈조차도 없이 맹목적으로 매일 반복되는 삶을 살아가고 있다. 직장이란 곳은 우리의 인생을 끝까지 책임져주지 않는다. 이제라도 진정으로 원하는 것, 이루고 싶은 꿈을, 한 번뿐인 인생에서 후회 없이 하고 싶은 것을 하면서 살 수 있는 새로운 자신만의 세상을 만들어보도록 노력해야 한다.

직장 생활만으로 삶의 길을 갈 수는 없다는 생각을 하게 되었다. 그러나 딱히 가지고 있는 특별한 기술이나, 재능, 특별한 자격증 하나도 없는 처지에서 할 수 있는 일이란 몸으로 부딪히는 일이 전부였다. 어느 날 마트에 직원으로 있는 지인이 계산을 맡아 하던 직원이 집안 사정으로 자리를 비워야 한다고 하며 계산원을 해보라고 권유를 했다. 마트에서 일해본 적은 있지만, 계산원은 처음 일이라서 잘할 수 있을지 걱정이 되었다. 서 있는 일이 힘이 들지만 여러 가지 마트 일을 하는 것보다는 낫다고 한다. 일단은 해보겠다고 말하고 선배 직원이 가르쳐주는 대로 배워서 하게 되었다.

손님이 몰리지 않는 시간에는 조금 느리기는 해도 할 수 있을 것 같은 생각이 들었다. 바쁠 때는 옆에 있는 숙련된 선배 직원이 계산이 빨라 많은 손님의 계산을 치러내고, 부족함이 많은 내 쪽의 계산대는 적은 손님도 겨우겨우 계산을 해내고 있었다. 처음에는 계산에 집중하느라 온종일 화장실 가는 것도 잊고 몇 시간을 서 있어도 다리 아픈 줄도 모르게 시간이 흘러갔다. 그러다 한 번씩 계산 코드를 잘못 눌러 에러가 나면 옆의 선배 직원분의 도움을 빌려 해결하곤 했다. 그럴 때마다 진땀이 흐르고 어찌할 바를 몰라 쩔쩔매는 내 모습을 보고 선배 직원분은 '처음엔 누구나 다 그렇게 배워 나가는 것'이라며 걱정을 덜어주곤 했다.

제일 힘들게 여겨지는 부분이 업무를 종료하고 마무리 계산을 할 때, 돈을 직접 다루는 일이라 한 치의 오차가 없어야 하는데 마무리 계산을 잘못하므로 오류가 나면 한참을 선배 직원의 도움으로 해결이 되곤 했다. 그리고 집에 돌아오면 무엇을 어떻게 계산했던 것인지 머리가 복잡해진 느낌을 받게 했다. 계산원이라는 직업이 눈에 보이는 대로 쉬운 일만은 아니라는 것을 깨달을 수 있었다. 무슨 일이든 자신에게 맞는, 원하는 일을 해야 한다. 아무 일이나 한다고 해서 그 일이 자신에게 맞지 않으면 오래도록 일을 이어갈 수가 없는 것이다. 자신이 하고 싶고, 원하는 일, 이루고 싶은 일을 할 때 진정한 터닝 포인트가 자신을 바꿔놓을 것이다.

일손을 놓기가 무섭게 다른 일을 구해 살아갈 방법을 찾아야 했다. 그러던 중 김밥이 주메뉴인 식당에서 일하게 되었다. 출근하자마자 앞치

마를 두르고 다양한 종류의 김밥을 말고 유부초밥을 만들며 포장 판매와 매장의 손님들에게 판매해야 했다. 정작 밥을 눈앞에 두고 직접 다양한 종류의 김밥과 유부초밥 등을 만들면서도 바쁠 때는 밥을 먹어야 할 시간에도 밥을 먹을 시간이 주어지질 않았다. 그러다 할 수 없이 바쁜 틈 속에서 직원들이 돌아가며 주방 한쪽에 서서 간단히 끼니를 때우곤했다.

온종일 동분서주하다 집으로 돌아오면 제대로 먹지 못한 끼니에 속이 허전해 TV를 보며 시간 가는 줄도 모르게 이것저것을 먹고 잠자리에 들곤 했다. 그렇게 자고 이튿날 눈을 떠보면 온몸은 눈덩이처럼 부풀어올라 있고, 온종일 쉴새 없이 김밥을 말고 유부초밥을 만들었던 손가락은 주먹이 쥐어지지 않았고, 손가락이 퉁퉁 부어올라 펴지지를 않았다. 하나같이 쉬운 일이 없었다. 식당의 일들이 대부분 직접 몸으로 해야 하는 일이다 보니 무엇 하나 쉬운 것이 없었고 인건비를 조금이라도 줄이기 위해 일하는 사람이 부족해, 정작 일을 하는 사람들은 매일 반복되는 힘겨운 노동의 일을 해야 했다. 과연 무엇이 가장 자신에게 맞는 터닝 포인트가 될지를 고민해야 했다.

석가모니는 세속의 많은 사람에게 이런 말을 했다.

"태어날 때부터 열등한 인간은 없고, 태어날 때부터 우수하고 고상한 인간도 없다. 태어난 다음 당자가 어떤 행동을 하는가에 따라 만사가 결정되는 것이다. 그러니까 인간은 스스로 자신을 열등하게도 만들고 고상하게도 만든다."

열등감이 때로는 성공의 씨앗이 될 수도 있다. 그 열등감이 오히려 자극제가 되어 자신에게 좋은 선물을 안겨줄 것이다. 열등감 자체가 문제가 아니라 그 열등감을 어떻게 활용하느냐에 따라 각자의 인생이 달라질 수 있다. 자신이 어떤 열등감을 가지고 있든 그 열등감을 극복하고 성공으로 가는 방향으로 열등감을 활용해야 한다.

일을 선택할 때 온종일 일을 하면서 이왕이면 보수가 높은 곳을 선택해 일해야겠다는 마음에서, 조금이라도 돈을 더 많이 벌기 위해 대부분 월급을 많이 주는 식당을 찾아 일했다. 그러다 보니 월급을 많이 주는 데는 이유가 있었다. 하루 꼬박 12시간을 일할 수는 없으므로 휴식시간이 정해져 있는데도 그 시간에 손님을 받지 않는 이상은 휴식을 취할 수가 없었다. 아니면 나누어서 휴식을 취할 수도 있는데 제대로 갖추어진 큰 규모의 식당이 아니고는 일하는 사람을 적게 쓰기도 하지만 각자의 맡은 바 정해진 분야의 음식을 해야 하는 처지다 보니, 손님을 앉혀놓고 쉬고 있을 수는 없지 않은가! 휴식을 못 하는 건 둘째치고 끊임없이 손님이 들어오는 성업 중인 식당이 대부분이었다. 한편 월급을 평균보다 적게 주는 곳은 손님이 적어 주인의 눈치를 보며, 스스로 일거리를 찾아 억지로라도 일을 해야 하는 곳이었다. 육체적으로 힘든 것이 아니라 정신적으로 더 힘든 스트레스를 받아야 했다. 위에서 "석가모니는 태어난 다음 어떤 행동을 하는가에 따라 만사가 결정되는 것이다."라고 했다. 그래야 했다. 자신의 인생은 자신만이 만들어갈 수 있는 것이다. 나에게 맞는 터닝 포인트를 찾아야 했다. 그렇게 길고 긴 날을 육체적으로 힘든 일만이 전부였던 내게 항상 가슴속에 간직한 채 머릿속에서 되뇌이던 간절한 꿈의 날개가 날아오르기 위해 열정이 되살아나고 있었다.

꿈을 이루기 위한 준비를 할 새도 없이 한 치의, 망설임도 가질 필요도 없다는, 다급한 마음으로 작가가 되기 위해 발자국을 움직이고 있었다. 그다지 남들과 다르게 특별하게 살아온 삶은 아니지만 그동안 고생하며 살아온 자신에게 인생 선물 보따리인 보너스를 주기로 했다. 자신의 인생에서 진심으로 하고 싶은 일, 가장 원하는 일을 인생의 마지막으로 주는 선물이라고 생각하며 예전에 해오던 일과는 전혀 다른 작가의 길로 멋지게 터닝 포인트를 했다. 그 후, 살아가는 모든 행동과 실천하는 모습들이 변화되자 가족들도 변화되고 있었다. 집에 오면 TV부터 켰던 남편도 뉴스 외에는 TV를 보지 않았다. 그리고 책 한 장도 안 넘기던 남편이나 아이들이 책을 보고 메모도 한다. 이렇게 내 인생에 보너스인 터닝 포인트는 나를 작가로 바꿔놓았다.

08

욕망이 있어야
꿈을 이룬다

세상의 중요한 업적 중 대부분은 희망이 보이지 않는 상황에서도
끊임없이 도전한 사람들이 이룬 것이다.

— 데일 카네기 —

욕망은 사람이 가진 가장 아름다운 선물이라고 한다. 욕망이 있어야
추진력이 생기고 그 추진력을 통해서 더 할 수 있는 목표 설정이 가능하
므로 욕망이 성공을 위해서는 꼭 필요한 것이다. 욕망이 없으면 소소한
행복에서 끝날 수도 있다. 욕망을 가지고 꿈을 이루기 위한 목적과 목표
를 설정하여 빨리 성공하는 것에 집중해야 한다. 요즘은 시대가 좋아져
서 노력한 만큼 결과가 나오는 시대다. 목표가 있어야 시간을 낭비하지
않는다. 꿈이 없고 목적과 목표가 없다면 방황하는 삶으로 시간을 낭비
하게 된다.

무일푼으로 시작해 성공한 백만장자 브라이언 트레이시는 이렇게 말했다.

"성공은 목표를 달성하는 것이다. 성공을 제외한 나머지는 성공을 위한 주석에 불과하다."

목표를 설정하지 않으면 성공할 수 없다. 성공한 모든 사람은 목표의 설정으로 성공을 이루어내는 결실을 보았다. 세워놓은 꿈에 목표를 향해 노력하며 목표를 달성할 때 꿈은 이루어질 것이며 성공에 도달하는 것이다. 우리가 이루고자 하는 꿈의 목표에 욕망을 가지고 끝까지 포기하지 않고 눈을 떼지 않으며 어떠한 소소한 작은 일에도 연연하지 않고 끈기 있는 인내심으로 앞을 향해 나아간다면 분명히 꿈은 이루어질 것이며 성공에 도달할 것이다.

꿈을 이루기 위한 욕망은 마음속 깊은 곳에 숨어 있는 무의식의 열망이며 열망은 목표를 이루기 위해 자신의 에너지를 이용해 최대한 목적지에 이르게 한다. 우리의 현재의 현실은 돈을 벌 수 있는 수단이 많다. 성공하고 안 하고는 자신의 몫이다. 꿈을 이루고 꼭 성공하겠다는 결심으로 나아간다면 이루어지는 경우가 많다. 내가 하는 생각들은 결국은 나에게 돌아온다. 성공한 사람과 부자들은 자기 개발을 위해 항상 자기 개발서에 관한 책을 읽는다. 성공에 대한 관점에 관심을 두고 책을 읽으며 선한 영향력을 끼치는 성공자가 되기 위해 항상 노력하는 삶을 살아간다.

꿈을 가지고 있는 사람들은 많다. 하지만 막연히 꿈을 꾸며 그 꿈을 이루기 위해 노력하지 않기 때문에 꿈을 이루지 못하고 사는 사람들이 많은 것이다. 성공하고 싶다면 불분명한 꿈이 아니라 명확하고 확고한 꿈을 설정해야 한다. 명확한 꿈을 간절히 원하는 만큼 욕망은 살아서 움직이게 되고 가로막는 장애물이 있어도 뛰어넘을 수가 있는 것이다.

누구라도 간절히 원하면 이루어진다. 간절히 원하는 만큼 이루기 위해 치열한 노력이 따르기 마련이다. 그렇게 꿈을 이루게 되고, 또 다른 꿈을 향해 도전할 수 있게 된다. 곧, 욕망은 꿈을 이루기 위한 열정의 에너지를 발산하게 한다.

나는 어릴 적부터 고집이 센 아이였다. 초등학교 5학년 때 다른 아이들에 비해 웅변을 뛰어나게 잘하는 아이였다. 며칠 있으면 웅변대회에 참가해야 하는데 엄마에게 옷을 사달라고 졸랐다. 가난한 가정형편으로 입고 싶은 옷들도 제대로 입어본 기억이 없는 것 같다. 엄마는 내가 원하는 예쁜 블라우스의 옷이 아닌, 그저 안 떨어지고 오래 입을 수 있는 내 몸보다 훨씬 큰 옷을 사다 주셨다.

철부지였던 나는 엄마의 마음도 모르고 없는 돈으로 생각해서 사다 주신 옷을 마음에 안 든다고 바꿔다 달라며 입지를 않았다. 엄마는 클 때까지 오래 입어야 한다고 그냥 입으라고 하셨다. 웅변대회가 있는 날, 아침에 학교에 갈 때까지 옷 투정을 하며 울다가 평상시에 입던 옷을 입고 학교에 갔다. 그리고 학교 운동장 교단에 올라서서 당당하고, 힘찬 목소리로 웅변하는 모습을 엄마는 학교 운동장 담모퉁이에서 지켜보고 계셨다. 그때의 우리 집은 다니던 초등학교 근처에서 살고 있을 때였다. 그런 철부지 딸을 바라보는 엄마의 가슴은 얼마나 아프셨을까? 지금도 엄마 앞에서 그때의 이야기를 하면 한 고집을 부렸던 딸이었다며 웃으신다.

초등학교 때는 6학년 때까지 우등상을 놓쳐본 적이 없었고 항상 시험을 보면 5등 안에서 벗어나본 적이 없었다. 키도 큰 편에 속했고 반장, 부반장으로 자리매김을 하는 아이였다. 시험을 보고 성적이 저번보다, 떨어지면 밤늦게까지 시험 공부를 하며 자신이 원하는 성적을 올리곤 했다. 무언가를 한다고 하면 해내는 당돌하고 당찬 아이라고 선생님들께 칭찬을 많이 받는 똘똘한 아이였다.

어려서부터 강한 욕망이 내면에 자리 잡고 있었던 것 같다. 가난한 가정환경으로 학업을 이어갈 수 없었던 탓으로 공부에 대한 열망이 다른 사람보다 강하게 내면에 어필되어 있는 것 같다. 그래서 더더욱 강한 욕망으로 꿈을 이루어나가고 있다는 생각이 든다.

꿈을 이루는 비결은 비교적 간단하다. 확고한 꿈을 가지고 그 꿈을 이루기 위한 구체적인 목표와 계획이라고 할 수 있다. 항상 꿈을 이루기 위해 생각하고 하루하루 목표와 계획대로 행동에 옮기며 실천해나가야 한다. 그리고 뜨거운 열정과 욕망을 가지고 반드시 할 수 있다는 자신을 믿는 믿음이 있어야 한다. 우리가 살고 있는 현실이 꿈과 이어진다는 것을 꿈을 이룬 사람들은 알고 있다. 꿈을 이루지 못한 사람들은 꿈을 가지고만 있을 뿐, 꿈을 이루기 위한 과정을 소홀히 했기 때문에 꿈을 이루기에 더 오랜 시간이 걸리게 된다.

꿈이 중요하다면 모든 삶의 과정을 꿈과 연결된 기본으로 삼고 실천해나가는 과정의 삶을 살아야 한다. 꿈이 있는 사람에게 꿈을 이룰 기회들은 항상 예고 없이 찾아온다. 그 기회들을 흘려보내지 말고 꿈을 이루기 위한 내 삶의 주어진 기회라고 여기고 받아들여야 한다. 성공을 이루는 사람들은 기회가 있으면 망설이지 말고 지금 당장 될 때까지 해야 한다는 것이다. 올바른 기회를 잡고 욕망을 가지고 절실하게 노력하는 사람만이 꿈을 이루며 성공할 수 있기 때문이다.

사람마다 각자 가지고 있는 꿈은 다르겠지만 분명한 것은 자신이 원하고 좋아하는 것, 자신이 가장 하고 싶은 일 등이 꿈의 목록일 것이다. 자신이 할 수 있다고 생각하는 범위 내에서 꿈을 설정해놓게 된다. 그러기 때문에 자기 생각에서 비롯된 꿈은 반드시 이룰 수 있는 꿈일 것이다.

아이들이 강아지를 너무 좋아해서 한동안 강아지를 키우게 되었다. 항상 강아지를 데리고 다녔던 애견 숍에서 알게 된 아가씨는 강아지의 미용을 받으러 갈 때마다 너무나 친절하게 대해주고 강아지도 진심 어린 손길로 예뻐해주며, 너무나 자연스럽게 강아지를 다루며 미용을 해주었다. 그 아가씨는 강아지가 너무 귀엽고, 예쁘고, 사랑스러워 집에서도 강아지를 키우면서 강아지와 떨어져 있기 싫어서 애견 숍을 차렸다고 했다. 애견 숍을 차리기 위해 학원에 다니며 공부를 하여 애견 숍을 차릴 수 있는 애견 미용사의 자격증을 따고 애견 숍에서 미용 보조로 실력을 쌓으며 몇 년 동안 돈을 모으고 부모님의 도움도 받아서 애견 숍을 차렸다고 했다.

항상 강아지와 같이 있는 생활이 아가씨에게는 최고의 행복이라고 말한다. 아가씨의 꿈은 항상 강아지와 같이 있는 것이 꿈이었고 그 꿈을 이루기 위해 애견 숍을 차리는 것에 확고한 목표를 두고, 어떤 두려움이나 망설임 없이 애견 숍을 차릴 것이라는 욕망으로 꿈을 이루어낸 것이었다.

"경험은 엄한 스승이다. 먼저 시험에 들게 하고, 그 후에 교훈을 주기 때문이다."

이는 버논 샌더스 로의 말이다. 그의 말처럼 인생을 살아감에 있어 경험은 엄한 스승이 될 수 있다. 살아오면서 시련과 고난을 통해 얻은 경험의 교훈들은 우리의 삶에 큰 영향을 준다. 아무리 큰 시련과 고난이 다가와도 이겨낼 수 있는 내면의 힘을 가지게 한다. 그리고 꿈을 이루어가는 과정에서도 경험에서 얻은 삶의 지식으로 이루고자 하는 목표를 향해 누구보다 강한 욕망으로 포기하지 않는 인내심을 가지고, 기필코 목적지까지 달려가는 끈기를 가지고 있으므로 성공을 이루어낸 사람들은 대부분이 경험의 교훈을 바탕으로 성공을 이루어낸 사람들이 많다. 성공을 이루기 전 시련이라는 시험이 따르게 된다. 그 시험을 얼마나 잘 치느냐에 따라 성공의 열쇠를 부여받게 될 것이다. 강한 욕망이 있어야 꿈을 이룰 수 있다.

3 장

가장 좋은 시절은 아직 오지 않았다

순간의 선택이
평생을 좌우한다

비록 아무도 과거로 돌아가 새 출발을 할 순 없지만
누구나 지금 시작해 새 엔딩을 만들 수 있다.

– 칼 바드 –

　우리는 자신이 하고 싶고 원하는 것이 있어도 타의에 의해 포기하는 일들이 많다. 하고 싶고 원하던 일들을 제대로 자기 뜻대로 하고 사는 사람들은 많지 않을 것이다. 세상은 원하는 대로 모두 다 이루어지지는 않는다. 무엇을 하고자 할 때 정말 옳은 판단인지 깊이 있게 여러 방면으로 알아도 보고 경험이 많은 인생 선배들에게 조언도 구해야 한다.

　한순간의 잘못된 판단이 이미 엎질러진 물이 될 수가 있는 것이다. 이미 엎질러진 물은 원상태의 물로 담아놓을 수가 없기 때문이다.

한순간의 잘못된 선택이 오래도록 세월을 낭비하는 삶이 되기도 한다. "순간의 선택이 평생을 좌우한다."라는 말은 나에게 가장 깊이 연관된 문구이다. 사회 초년생 시절 사회 경험도 없는 인생의 초보자가 듣기 좋은 말에 현혹되어 아는 사람이라고는 한 사람도 없는 타지에서 옳은 판단인 줄 알고 선택한 프랜차이즈 업종으로 큰 대출금을 받아 건네준 일이 거짓으로 꾸며진 서류 뭉치에 불과했고 돈을 받은 사람은 흔적도 없이 사라지고 모든 것이 사기를 치기 위한 속임수였던 연극에 휘말려 들었다.

제대로 확실한 정보인지 파악을 하고 결정을 해야 했을 일을 상대방의 근거도 없는 말만을 믿고 잘못된 순간의 선택으로 오랜 세월을 빚쟁이가 되어 살았다. 가혹한 현실 속에서 삶의 끝자락까지 가기도 하며 빛나는 청춘 시절을 가장 힘든 시련의 날들로 보내야 했다. 그렇게 사회 초년생 시절부터 빚을 갚기 위해 식당을 운영했던 일이, 인생 절반을 넘은 나이가 되도록 식당 근처에서 벗어나질 못하고 있었다.

살아온 경험에서 지난날을 돌아보면 성인이 되어 처음으로 찾는 직업의 선택을 신중히 생각해서, 선택을 잘해야 한다는 깨달음을 얻었다. 그리고 터무니없는 말에 현혹되어 속임수에 더는 피해를 보는 어리석은 사람이 되어서는 안 된다는 것을 명심해야 할 것 같다. 순간의 선택이 평생을 두고 후회하지 않는 삶을 살아가야 할 것이다.

우리는 끊임없는 선택을 하며 살아간다. 아침에 출근하기 위해 어떤 옷을 입을 것인지, 오늘의 업무 중에 먼저 해야 할 일을 선택하며 점심은 누구와 무엇을 먹을지, 퇴근길에 어디를 들렀다 갈 것인지, 등등에 항상 선택하며 하루하루를 살아가고 있다. 그리고 올바른 선택을 해야 한다. 선택으로 인해 한 사람의 미래를 성공과 실패로 바꾸어놓기도 한다.

나의 친구는 젊은 시절에는 마른 체형의 몸을 가지고 있었다. 항상 어떤 옷을 입어도 날씬한 몸매여서 잘 어울리며 예쁜 모습에 또래 친구들의 부러움의 대상이었다. 그러던 친구는 결혼하고 아이를 낳은 이후부터 살이 찌기 시작하더니 아이가 유치원에 들어갈 무렵에는 집안일을 하기에도, 움직이는 일이 힘들 정도로 고도 비만 상태로 살이 많이 쪘다고 하기보다, 퉁퉁 부어올라 있는 것처럼 예전과는 극과 극의 몸으로 바뀐 모습이었다. 친구는 아무리 다이어트를 해도 항상 군살을 뺄 때 그 당시만 살이 조금 빠지다가 얼마 지나지 않아 다이어트를 하기 전보다 요요 현상으로 살이 더 찌게 됐다고 했다. 병원까지 가서 검진한 결과 식습관을 조절하고 유산소 운동을 계획성 있게 해야 한다고 했다. 친구는 굳은 결심으로 어려움을 무릅써가며 식습관을 조절하고 스포츠댄스를 하는 학원에 다니며 가벼운 유산소 운동부터 시작해나갔다고 했다. 자신의 날씬했던 예전 모습을 찾아 새로운 삶을 살기 위해 자신과의 치열한 싸움을 선택하게 되었다고 한다.

친구의 소지품 중에 날씬하고 예쁜 여자 연예인 사진을 롤 모델로 삼아 항상 가지고 다니며 귀중한 보물처럼 소중히 여긴다고 한다. 그렇게 게으름피우지 않고 식습관을 조절해가며, 끈질기게 스포츠댄스 학원에서 다른 사람보다 몇 배의 운동을 하며, 보낸 시간이 6년이 훌쩍 넘어갈 때쯤 보고 싶다는 연락이 와서 만나게 된 친구의 모습은 고도 비만 상태였던 모습은 찾아볼 수 없었고 젊은 시절의 아리따운 날씬한 모습의 친구가 나를 반겨주고 있었다. 나는 순간 어안이 벙벙해서 몰라볼 정도로 변화된 예쁜 예전 모습으로 돌아와 내 앞에 있는 친구를 신기한 눈빛으로 쳐다보고 있었다.

친구는 그동안 참기 힘든 고비가 올 때마다 새로 태어나서 새로운 인생을 살겠다는 각오로 자신과 죽을힘을 다해 치열하게 싸워서 이겨냈다고 이야기를 하면서 눈물을 머금었다. 이야기를 듣는 나도 얼마나 힘든 고통을 견뎌냈을까 하는 아픔이 전해져 눈이 시려왔다. 그렇게 고도 비만을 극복한 경험에서 교훈을 얻어 지금은 스포츠댄스 학원에서 강사로 많은 사람에게 실제로, 고도 비만을 극복한 경험의 산지식을 가르쳐주며 명성을 얻는 스포츠댄스 강사가 됐다고 한다. 이렇게 최고의 강사가 되기까지 자신과 투쟁하여 얻어낸 실제의 경험을 토대로 새로 태어난 인생을 살며, 미래의 직업까지 얻게 된 다이어트를 시작한 것이 친구에게 인생 최고의 선택이라고 한다.

선택하기에 앞서서 자신에게 맞는 선택인지, 진심으로 원하는 목적이 있어서 선택해야 하는지 정확하게 파악을 한 뒤에 선택해야 한다. 그리고 선택을 했다면 끝까지 목적이 이루어질 때까지 포기하지 않고 밀고 나가야 한다. 선택하고도 우물쭈물 망설이다가는 선택을 하지 않은 것보다, 더 못한 실정에 놓이게 된다. 앞에 나의 친구가 다이어트를 하기로 선택하고, 도중에 이겨내지 못하고 포기를 했더라면 친구는 다이어트 선택을 하기 전보다 더 못한, 헤어나오기 힘든 고도 비만 환자가 되었을 것이다. 그러나 힘든 고비를 넘기고 다이어트에 성공한 결과 힘든 과정을 겪어낸 보답으로 새로운 삶을 찾았고, 고도 비만이었을 때는 생각도 할 수 없었던 최고의 스포츠댄스 강사라는 직함까지 얻어낸, 인생 최고의 선택에 승부를 이룬 결과물을 안겨준 것이다.

오프라 윈프리는 이런 말을 했다.

"우리가 무슨 생각을 하느냐가, 우리가 어떤 사람이 되느냐를 결정한다."

우리는 항상 선택의 갈림길에 서 있다. 자신을 위하여 무슨 생각을 하고 어떤 선택을 하느냐에 따라 자신의 미래가 달려 있다. 어떤 사소한 것은 선택이 잘못되어도 별문제가 되지 않는다. 그러나 평생을 두고도 고치지 못할 잘못된 선택도 있을 수 있다. 때론 대수롭지 않게 선택한 것이 후회로 연결되기도 하고 지혜와 현명한 분별력을 요구하는 난감한 갈림길에서 선택해야 할 상황에 서기도 한다. 시행착오를 통해서 깨닫고 경험적으로 지혜를 얻기도 하는데 한 번의 시행착오도 없어야 하는 중요한 선택도 있다. 진로나 배우자 선택은 아주 신중해야 한다. 신앙, 건강, 성격, 능력, 경제력, 배경, 용모 등등 무엇에 기준을 두고 선택하느냐에 따라 평생이 좌우된다.

이런 말이 있다.

"얼굴이 아름다운 아내와 살면 3년이 행복하고 마음이 어진 아내와 살면 30년이 행복하고 지혜로운 아내와 살면 3대가 행복하다."

흔한 이 글귀 하나가 새삼 귀하게 와닿는다.

"중요한 선택은 평생이 아니라, 영원을 좌우하는 선택이 될 수 있다."

사소한 선택부터, 중요한 선택까지 누구나 선택에 대한 자유를 가지고 있다. 하지만 선택의 결과에 따른 책임은 좋든 싫든 모두 자신의 몫이 되는 것이다. 인생 절반을 넘은 나이가 돼서야 이대로 살다가는 안 될 것 같은 마음으로 내가 가장 원하는 일을 하기로 선택을 했다. 선택한 것을 직접 만들고, 나에게 가장 잘 맞고 어울리며, 내가 오래오래 실천할 수 있는 작가의 길을 선택했다. 살아오면서 내가 선택한 일 중에 미래의 삶까지 설계해나갈 수 있는 인생 최고의 선택을 하게 된 것이다. 삶의 선택 결정권은 '나' 아닌 다른 무엇에서도 찾지 않아야 진정한 선택을 할 수 있다. 순간의 선택이 평생을 좌우할 수 있을 것이기 때문이다.

02

어머니는
여자보다 강하다

인간의 문제점은 인생을 그냥
흘러가는 대로 산다는 것이다.

− 도로시 캔필드 피셔 −

윌리엄 세익스피어는 이런 명언을 남겼다.

"여자는 약하나 어머니는 강하다."

자주 떠올리는 말이었는데 세익스피어의 명언이었다. 여자는 약하나
어머니는 강하다.

"여자"는 젊어 한때 곱지만

"어머니"는 영원히 아름답다.

"여자"는 자신을 돌보이려고 하지만

"어머니"는 자식을 돌보이려고 한다.

(…중략…)

"여자"가 못하는 일을

"어머니"는 능히 해낸다.

"여자"의 마음은 사랑받을 때 행복하지만

"어머니"의 마음은 사랑을 베풀 때 행복하다.

"여자"는 수없이 많지만

"어머니"는 오직 하나다.

– 좋은 글

　강한 어머니도 엄마이기 이전에 소녀였고 여자였다. 그런 소녀가 엄마가 되고 소녀티를 전혀 찾아볼 수 없는 강하고 굳세 보이는 엄마로 딸의 눈에 비친다. 그 딸도 자식을 둔 엄마가 되었다. 엄마도 또한 한 어머니의 딸로 사랑받으며 귀한 딸로 자라왔다. 여린 딸도 엄마가 되면서 모성애가 더해지면 강한 어머니로 변하게 된다. 자식에 대한 모성애가 사랑으로 연약한 여자에서 강한 어머니로 만들어가는 과정인 것이다.

철부지였던 아들이 군에 입대하고 처음으로 전화 통화를 하던 날, '엄마!'라는 말을 하고는 목이 메여 울먹이며 그다음 말을 이어가기를 힘들어했었다. 군대에 가기 전에는 깨닫지 못했던 부모님의 소중함을 깊이 있게 깨달음으로 힘든 훈련을 받을 때마다. 제일 먼저 엄마의 사랑이 그리워서 눈물이 흘렀다고 한다. 그래서 '남자는 군대를 다녀와야 사람이 된다.'라는 말이 생겨났는지도 모른다. 항상 자식을 위해서 자신을 내려놓았던 기억들이 떠오르기 때문일 것이다.

어릴 적 생선 반찬을 드실 때도 머리가 맛있다고 머리만 드셨던 어머니, 모처럼 온 가족이 모여 치킨을 먹을 때도 자식 입에 치킨 한 조각 더 먹이려고 목살 부분이 맛있다고 하시며 그것만을 드셨던 어머니, 세상의 모든 어머니는 자식이 먹는 것만 봐도 배가 부르다며 주린 배의 배고픔도 감수해내며 자식의 배를 채우려 한다. 이렇듯이 어머니라는 위대한 명칭은 여자보다 강한 위대한 대명사다.

젊은 시절 꽃다운 나이인 언니를 잃고 8년이 흐른 후에 작은 오빠마저도 세상을 비관하며 목숨을 잃었다. 이후로 가족들은 서로에게 대화를 주고받는 일이 없을 정도로 삭막한 분위기 속에서 서로에게 따로국밥처럼, 등한시하게 되었다. 부모님은 부모님대로 삶을 살아갈 의미도 잃어버린 듯이 살아갈 의욕을 잃고 모든 것을 체념한 무기력한 하루하루를 보내고 계셨다. 그 와중에도 어머니는 남은 자식들 보는 앞에서는 아픈 내색을 보이지 않으시려고 무던히도 애를 쓰시는 모습을 느낄 수 있었다. 하나도 아닌 다 큰 자식을 둘이나 잃으시고 그 아픔이, 얼마나 고통스러우셨을까?

그때는 회사의 기숙사에서 생활할 때라 어머니를 옆에서 보는 일은 주말에 집에 들릴 때, 그때뿐이라서 제대로 크게 어머니의 아픔을 조금이라도 달래드리지도 못했지만 어렸던 탓이었는지 부모님의 아픔을 나누어드릴 생각조차도 못했던 것 같다. 오랜 세월이 흐른 후에야 그 시절의 부모님의 가슴으로 통곡을 하시는 삶을 돌아보니 너무나 가슴이 아파왔다. 언니와 오빠를 잃은 슬픔이 지금도 가슴 언저리에 남아 아픔에 절여져오는데 어머니의 가슴 아린 슬픔은 어디에다 비교를 할 수 있을까? 잃은 자식을 가슴에 품으신 채 남아 있는 자식에게 피해를 주지 않으려고 아픔을 감추시며, 지켜주신 어머니의 값진 사랑에 더 없는 감사함을 느껴본다. 어머니는 여자보다 강하다는 위대함을 실감하게 한다.

미국 버지니아주 리치몬드대학교 신경과학과 그레이그 킨슬리 교수팀이 '엄마가 된다는 것이 여성에 미치는 영향에 대해 연구한 결과들을 분석한 결과 이 같은 결론을 얻었다고 밝혔다. 여성은 아기를 출산하기 전과는 다르게 재구성된 뇌가 모성애를 생기게 해, 그들이 겪어야 하는 새로운 요구들에 잘 대처하는 능력을 갖추게 한다는 것. 킨슬리 박사는 "여성은 모성애로 인해 신체적 강함을 얻기도 한다."라며 "이러한 변화는 여성의 나머지 삶을 지탱할 수 있도록 힘을 강화해주며, 노화가 되면서 겪을 퇴행성 질환을 예방하고, 여러 인지 능력을 강화한다."라고 설명했다. 미국 보스턴대학교 토마스 펄스 박사팀의 연구 결과에 따르면 출산한 여성들은 40세가 넘으면 100세까지 살 확률이 4배나 높다고 한다. 킨슬리 박사는 이러한 연구 결과에서 나오는 변화들은 뇌에서 새로운 세포가 형성돼 자라고 있기 때문이며 양육과 관련된 신경세포도 발달 되고 확장돼 모성애의 힘을 강화한다고 말하며 이를 '어머니의 순회'라고 부른다고 설명했다. 이렇게 어머니는 여자보다 강함을 나타내주고 있다.

오래전부터 알고 지냈던 지인은 삼남매가 초등학교 다닐 무렵에 이혼을 하고 가진 것이라고는 전세 보증금 2,000만 원이 전부였다고 했다. 그런 데다 마땅한 직업도 없이 아이들을 키우기 위해 남들보다 몇 배의 고생을 하며 악착같이 살아야 했다고 한다. 새벽 일찍부터 가까운 거리에 있는 떡 방앗간에서 오전까지 일을 하고, 오후에는 식당에서 서빙을 하며 제대로 쉬어본 적이 드물 정도로 치열한 삶을 살아왔다고 했다. 힘들고 고단한 생활 속에서도 삼남매의 아이들이 잘 자라주는 덕으로 보람과 활력을 얻으며 고된 삶을 견딜 수 있었다고 한다. 아이들이 고등학생이 되면서 스스로 아르바이트를 해서 용돈을 하고 생활에 조금씩 보탬을 줘서 점차 지인의 고된 생활도 줄어들었다고 한다. 그래도 지인은 하루도 일손을 놓은 적이 없이 오직 삼남매의 자식이, 이혼한 엄마의 자식이라고 손가락질 받지 않는 떳떳하고 의젓한 자식으로 잘 키우기 위해 반평생의 인생을 자식이 잘되기를 바라면서 온몸을 바쳐 삶을 살아왔다고 한다.

인내심으로 견디며 수많은 고생을 하고 삼남매가 모두 대학 공부까지 졸업해 직장 생활을 하는 사회인이 되기까지, 지인은 어머니라는 이름으로 자식에 대한 크나큰 책임과 의무를 다한 것이다. 이렇게 연약한 여자였던 지인도 어머니라는 위대한 명칭에 강하다는 것을 느끼게 한다.

만약에 나 역시도 아이들을 둔 어머니가 되지 않았더라면 삶에 무슨 의미가 있었을까? 연약한 여자의 삶을 살았다면, 세상 보는 안목이 어머니의 세상 보는 안목보다는 그리 넓은 세상 보는 눈이 뜨이지 않았을 것이다. 누구의 어머니라는 삶은, 세상 그 무엇도 두려움이 없다. 아무리 험난한 역경이 온다 해도 능히 이겨낼 자신감 또한 있다. 자식을 가진 어머니라는 존재는 어떤 존재의 사람보다 최고로 강한 존재라고 여겨진다. 여자는 수없이 많지만 위대하고 강한 어머니는 오직 한 분뿐이다.

엄마의 그림은
내 그림이 아니다

나는 포기하지 않았다. 대신 무엇을 할 때마다
그 경험에서 배우고, 더 잘할 방법을 찾아냈다.

- 커넬 할랜드 샌더스 -

　사람들은 대부분이 부모님의 인생처럼 살지는 않을 것이라는 생각을 한다. 부모님의 살아오신 삶이 자신이 바라지 않는 삶이었다는 생각에서 하게 되는 생각일 것이다. 그러나 부모님도 생각하는 대로 모든 삶의 여정을 살아오실 수가 없었기 때문에 나름대로 최선의 삶을 살아오셨을 것이다. 자신이 살아온 삶도 수많은 시행착오를 하며 삶을 살아왔다. 젊어서는 몰랐던 삶에서의 시행착오들이 나이가 들어서야 그 길을 가서는 안 되었다는 깨달음을 얻게 했다. 그리고 좀 더 일찍 깨달았더라면, 하고 후회하게 된다.

철이 없어서인지 오래도록 부모님을 많이 원망했다. 가난한 형편으로 학업을 이어가지 못한 것을 항상 부모님 탓으로 여기고 원망하는 세월로 어머니의 가슴을 아프게 했다. 직장에서 기숙사 생활을 하며 야간 중, 고등학교 과정의 공부를 하던 중, 작은오빠를 잃은 충격으로 공부를 등한시하다가 지속하지 못하고 모든 것을 포기하고 말았다. 그때에 누구라도 붙잡고 앞으로의 삶에 대한 조언이라도 해줬더라면, 방황하지 않고 안정된 생활로 공부를 지속할 수 있었을 텐데 부모님을 비롯해 가족 모두가 작은오빠를 잃은 슬픔에서 벗어나지 못하고 서로에게 관심을 둘 마음의 여유가 없었던 탓인지 나를 잡아주려는 사람이 아무도 없었다.

수많은 세월이 흐른 뒤에야 모두가 자신이 잘못 선택한 길이었다는 것을 후회했다. 좀 더 지혜로운 어머니였다면 딸의 마음을 헤아려줄 줄 아는 어머니였지 않으셨을까? 그 후로 오빠를 잃은 슬픔으로 공부도 하기 싫었고 오빠의 그림자가 어리는 모든 곳이 싫었다. 그렇게 아픈 가슴을 끌어안고 아는 사람이라고는 오촌 아저씨 한 분만이 있는 부산이라는 타지에서의 생활을 하게 되었다. 그 시절에 내가 어머니의 입장이었다면 딸의 마음을 달래주며 어떻게 해서라도 학업을 지속하고 안정을 취하도록 토닥여주었을 것이라는 생각을 해본다. 당신의 자식 잃은 슬픔을 감수하기도 벅차시면서 남은 자식들 앞에서 아픈 내색을 안 보이시려고 애를 쓰셨던 힘든 상황이었지만 정작 딸의 아픔을 몰라주셨던 어머니를 돌아보며 오빠를 잃은 아픔이 온 가족에게 씻을 수 없는 상처를 남겼고 어머니의 인생처럼 살아서는 안 된다는 슬픈 마음을 갖게 한다.

작은오빠는 자기 뜻대로 원하는 삶의 길을 가지 못하는 것을 비관해서 세상을 원망하며 스스로 목숨을 잃었다. 언니를 잃은 충격도 채 사라지기 전에 다시 또, 오빠의 죽음으로 아무도 모르게 무척이나 가슴 아린 아픔을 견뎌야 했다. 세월이 많이 흐른 후에 어렸던 여동생의 큰 상처를 돌아보게 되었다. 작은오빠를 잃고 얼마 지나지 않아 하나뿐인 언니인 나마저도 집을 떠난 뒤에 어머니의 한 맺힌, 푸념과 넋두리 속에서 견디기 힘든 날들을 보내다가 친구를 따라 서울에 있는 직장을 찾아 집을 떠나게 됐다고 했다. 아들을 잃은 슬픔에 딸까지도 집을 떠나자 하루도 빠짐없이 한 섞인 울음을 토해내는 어머니의 고통을 지켜봐야 했고 마음 하나 나눌 사람도 옆에 없다 보니 얼마나 언니인 나를 원망했을까?

여동생이 받은 상처는 뼛속 깊이까지 사무쳐 지금도 가끔 이야기를 나누다가 그 시절을 떠올리면 저절로 가슴이 아파서 눈물을 흘리곤 한다. 그때의 내가 왜 그랬던 것일까? 자신의 아픔에 갈 곳을 잃은 채 하나뿐인 동생마저도 염두에 두지 않고 이기적으로 자신만이 살기 위해 집을 떠나왔던 나의 처신에 되돌릴 수 없는 후회를 하게 된다. 혼자 남은 어린 동생은 얼마나 외롭고 슬펐을까? 조금만 더 주위를 돌아보고 동생을 생각했더라면 서로에게 의지하며 좀 더 나은 방향의 삶의 길을 선택할 수 있었을지도 모르는 일이다. 자식을 둘씩이나 잃은 슬픔 때문인지 나와 여동생에게 배려 깊은 관심을 두지 못했던 어머니의 입장이었다고 생각을 하면서도 서운했던 감정은 사라지질 않는다.

작은오빠의 바람대로 가고 싶은 길을 가지 못하고 부모님이 원하는 대로 살아가려고 하다 보니 본인의 성향에 맞지 않고, 이겨내지를 못하여 결국은 세상과의 이별을 선택하고 말았다.

그 후 부모님은 자식 잃은 아픔을 남은 자식에게 안 보이려고 애를 쓰셨지만 남은 삼남매는 관심 밖의 대상으로 버려둬 놓은 자식이나 마찬가지였다. 그러다 나마저도 집을 떠나자 넋두리를 들어줄 대상은 오로지 동생뿐이었다. 할 수만 있다면 최선을 다해서 동생을 위해 무엇이든지 다 해주고 싶은 마음이다. 인생을 살아오면서 가장 잊히지 않는 아픈 기억으로 남겨지게 되었다.

요즘 시대는 부모님의 뜻에 맞추어 살아갈 목표를 정하지도 않지만, 예전의 시대에도 부모님의 뜻에 맞추어 살기엔 본인의 삶이 될 수 없었다. 그로 인해 결국엔 어긋난 삶을 살아가게 된다. 어머니의 사고방식이나 어머니의 그림에 맞추어 살기를 원치 않는다. 아이들에게도 각자의 성향에 맞는 미래의 그림을 그려놓고 완성된 그림에 맞추어 살아가주길 바란다고 말해준다. 결국, 엄마의 그림은 엄마가 그려놓으신 그림일 뿐이고, 내 그림이 될 수는 없는 것이다.

사람은 부모님에게 받은 유전인자가 있다. 부모님처럼은 살지 않을 거라고 하면서도 돌아서 보면 한편으론 자신도 모르게 부모님을 닮아가는 삶을 살아가게 된다. 속일 수 없는 부모에게 물려받은 유전인자로 인해 부모님을 닮아가는 삶을 살아가기도 한다. 부모님의 생활 방식이 자신도 모르게 몸에 익숙하게 배어 있기 때문일 것이다. 나의 부모님의 자식을 잃고 평생을 가슴에 자식을 품고 살아야 하는 가슴 아픈 삶은 다시는 어느 부모님이라도 겪지 않기를 간절히 바라는 마음이다.

자식을 가진 부모라면 자식을 보살피고 책임과 의무에 최선을 다해야 한다고 생각한다. 성인이 될 때까지만이라도 부모의 품 안에서 지켜내줘야 한다고 말이다. 부모의 무관심으로 빗나가는 청춘 시절을 보내는 젊은이들이 부지기수로 많은 세상이다.

자식이 빗나가기를 바라는 부모는 세상 어디에도 없을 것이다. 그러나 커가는 아이들은 알고 있다. 자신의 부모가 관심을 가지고 대하는지, 방관하는 관심 밖의 자식으로 여기는지 느끼고, 알기 때문에 말없이 어긋나는 길로 빠져들기도 한다.

아침에 눈을 뜨기가 무섭게 하루를 시작하고 늦은 밤이 되어서야 집에 돌아와 가족들과 대화를 하고, 얼굴을 마주 볼 새도 없이, 늘 바쁜 세상의 흐름 속에서 살아간다. 가족 간에도 대화를 나누며 화목하게 보내는 가정은 점점 더 줄어드는 현실의 삶을 살아가고 있다.

아이들이 부모의 성향에 맞추어 성장해주기를 바라는 마음을 갖지 말아야 한다. 그렇게 되면 아이들은 부모님의 성향대로 맞출 수도 없지만, 자신의 삶이 아닌, 다른 삶의 길을 가야 한다는 것이 된다. 그러다 보면 이것도 아니고, 저것도 아닌 뚜렷한 목적이 없는 삶으로 결국은 허송세월한 결과를 만들고 만다. 아이들을 내 그림에 맞추어 살게 해서는 안 된다고 생각을 해야 한다. 각자의 성향에 맞추어 자신이 가장 하고 싶은 일, 원하는 일을 자신의 개성에 맞추어 잘 해낼 수 있도록 응원해주고, 도와주며, 믿고 지켜봐줘야 한다고 생각을 해본다.

나의 어머니께서도 최선을 다하는 삶을 살아오셨다고 말씀하시지만 지나온 삶들을 돌아보면 최선을 다하신 삶이라고 생각이 들지 않는다. 그냥 사는 대로 살아온 방식의 삶이었다는 생각을 하게 한다.
나만은 어머니의 인생 그림대로는 살지 않을 것이라고 결심을 한다.

사는 대로 생각 없이 살아오신 삶으로 어머니가 알지 못하시는 많은 아픔 들을 가지고 후회하는 삶을 살아왔고 되돌아갈 수 없는 길을 걸어왔다. 이제는 더 후회하지 않는 삶을 살기 위해 미래의 삶의 그림을 그리며 완성시키기 위한 삶을 살아갈 것이다. 그리고 아이들에게도 자신의 미래의 꿈을 완성품의 그림으로 만들어가라고 응원을 해준다.

04

인생 전부가
돈일까?

가지고 있다고 믿어라.
그러면 가지게 될 것이다.

- 라틴어 속담 -

사람들은 누구라도 돈을 벌기 위해 이 세상에 태어난 사람처럼, 돈에 인생을 다 바쳐서 산다고 해도 틀린 말이 아닐 것이다. 돈이 행복한 삶, 더 많은 것을 누리는 삶에 있어서 필수 불가결한 것은 맞는 말이다.

누구에게나 공통적으로 원하는 것들이 있다. 좋은 집에서 살고, 좋은 차를 타고 다니고, 하고 싶은 모든 것을 원하는 대로 할 수 있는 돈, 언제든지 마음만 먹으면 떠날 수 있는 시간적 여유를 가지고 여행을 다니며 자유를 즐기고, 만끽하며 행복한 가정으로 가족들과 평화로운 생활과 풍요로운 삶을 살고 자신이 원하는 대로 인생을 살고 싶은 욕망을 가지고 살아간다.

하지만 극소수의 부의 상징을 이룬 사람들만이 원하는 대로 인생을 살아갈 뿐, 많은 사람은 자신이 원하는 삶과의 거리가 먼 삶을 살아가고 있다. 돈이 인생의 전부는 아니라고 생각한다. 지금 돈이 없는 사람들은 돈만 많아지면 행복해지리라 생각하지만 절대 그렇지 않은 사람도 많다. 돈이 아무리 많아도 돈으로 할 수 없는 것들도 많다. 돈이 넘쳐흘러도 행복하지 않은 사람도 있고, 돈이 많아서 불행해진 사람도 있다. 인생 전부가 돈으로만 살아가는 것은 아니다.

어느 부부는 모든 것을 다 가졌다고 해도 무방할 정도로 모자람이 없었다. 그러나 그들에게는 자식이 없었다. 아무리 부부 사이가 좋아도 대화하는 말수도 세월이 흐를수록 줄어들었고 좋은 곳으로 여행을 다니고 맛집을 찾아다니며 맛있는 음식을 먹어도 채워지지 않는 자식의 빈자리는 평생을 두고 허전한 삶을 살아야 했다. 그런 부부에게 새로운 삶의 원동력을 부여받게 된 과정은 사회 복지 시설 안에 속해 있는 보육원 아이들을 위해 봉사하면서이다. 보살피는 즐거움으로 커다란 행복을 느끼며, 활력을 찾은 삶을 살게 되었고 노인복지관, 양로원을 수시로 찾아가 노인분들에게 말동무와 위로를 해주는 등, 친구도 되어주며 목욕 봉사도 스스럼없이 하면서 인생 살아가는 보람을 느끼게 됐다고 한다.

부부가 평생을 쓰고도 남을 재산을 좋은 마음으로 어려운 곳에 베풀어 주기도 하고 사회에 선한 영향력으로 봉사도 하며 남은 인생을 얼마든지 즐겁고 보람 있게, 모든 사람과 어울리며 행복한 삶을 살 수 있게 돼서 더없이 행복한 날들을 보내고 있다고 한다. 돈이 아무리 많아도 자식을 얻을 수는 없지만, 자식보다 더 소중한 삶의 가치를 깨닫고, 어두운 곳에 기부 천사가 되어 살아가는 보람된 삶을 살아가고 있다고 한다. 돈이란 사람에게 필요한 물질이지만 인생 전부가 돈이 아니라고 말할 수 있는 것이다.

성공학의 거장 나폴레온 힐이, 500명의 부자를 연구 조사한 결과가 있다. 그들의 공통점은 어떤 상황에 부닥쳐 있더라도 성공자의 모습을 머릿속에 그렸다는 것이다. 전구를 발명한 에디슨의 머릿속에는 전구가 이미 들어 있었다. 우리 몸은 '머릿속'에 어떤 모습을 상상하는 것만으로도 생각대로 반응한다고 한다.

예를 들어, 새콤달콤한 빨간 딸기를 입에 넣고 씹는 모습을 상상하면 새콤달콤한 딸기즙이 입안에 가득 퍼지는 것처럼 느끼게 된다. 우리 몸은 실제로 딸기를 먹거나, 머릿속으로 딸기를 먹었다고 생각하거나 똑같이 반응한다는 것이다. 이에 따라 원하는 것을 머릿속에 간절하게 모습을 그려놓고 원하는 모습에 믿음을 굳게 붙들고 있어야 한다.

믿음이란 보이는 것으로만 믿는 게 아니라 가장 중요한 것은 눈에 보이지 않는 것들의 증거이며, 오로지 마음으로 보아야만 정확하게 볼 수 있다는 것이다. 이렇듯이 성공한 사람들은 의식 속에서 항상 원하는 것들을 생각하는 삶을 살아간다. 간절히 원하는 것을 가지고 있다고 믿어야 한다. 그러면 기필코 가지게 될 것이다. '인생 전부가 돈일까?'에 의문을 갖지 말고 돈을 따라가지 않으며, 돈이 따라오는 자신을 만들어가야 한다.

이 세상은 더욱 불공평한 게 부모가 가진 게 많고, 부모가 배운 게 많을수록, 그 자식들은 더 많은 것들을 물려받는다는 사실이다. 흙수저에게 인생이란 참으로 가혹한 것이다. 사회적 약자이기 때문에 갖은 고난과 수모는 다 당하기 마련이다. 치열한 경쟁에서 살아남아야 하고 먹고살기 위해서 자존심을 버리며 살아야 하고 참으로 고달픈 인생이다. 또한 성공의 문은 너무나 좁다. 흙수저로 태어나서 명문대 들어가기는 무척이나 힘들고 명문대 들어간다고 해서, 딱히 미래가 보장되는 그것도 아니라는 것이다. 또 요즘에는 조기 퇴직해서도 뭔가 돈이 되는 일을 찾아야 하므로 인생이란 내내 돈과의 갈등이 시작된다.

취업 문제는 너무도 단순하다. 사람들이 원하는 좋은 일자리는 적은데 거길 들어가겠다고 하는 사람이 너무도 많기 때문이다. 수요와 공급의 불균형으로 비롯되어 나타나는 현상이다. 이런 사회의 구조 속에서 평생 직업을 찾는 게 가장 바람직하지만 직장 생활은 사실상 수명이 있다. 남 밑에서 일할 수 있는 것에는 분명 여러 가지 한계가 있기 마련이다. 사실 요즘처럼 조기 퇴직이 쉬운 시기에 '평생 직업이란 대체 뭐가 있을까? 인생 전부가 돈일까?'에 의문이 든다면 돈 버는 방법을 찾는 것이 우선일 것이다.

돈벌이 시스템을 하나 구축해놓는 게 최고의 노후 대책이다. 인생에 은퇴라는 게 어디 있겠는가? 막말로 기업에서는 어차피 나이가 차면 사원을 퇴직을 시켜야 하는 상황이 생기겠지만, 사실상 한 인간의 관점에서 은퇴란 있을 수 없다. 사람이 살아 숨 쉬는 순간까지도 돈은 필요하기 때문이다. 죽는 그 순간까지도 돈을 벌어야 하는 것은 사람이라면 필연이라는 생각을 해본다. 나이가 많으나 적으나 누구나 돈이 필요한데도 회사들이 구인 시 나이 제한을 걸어놓는 이유는, 노인이라고 직장생활을 못해서가 아니라 나이를 먹을 수록 우리의 능력이 점점 떨어지기 때문일 것이다.

이 세상은 차별을 좋아하는 세상이라 결국 죽는 그 순간까지도 다닐 수 있는 직장이란 바로 자신이 구축해놓은 사업밖에는 없다. 돈에서 해방될 방법은 돈을 많이 버는 것이다. 돈을 버는 시스템을 구축해놓아야 한다. 인생에 돈은 필요하고, 적어도 현대 사회에서 돈은 우리에게 참으로 많은 것을 준다는 점은 명확한 사실이다. 우리가 꿈꾸는 것을 이루어 줄 수 있는 가장 강력한 물질이라는 것이다. 인생이 돈이 전부는 아니지만 돈은 사람에게 없어서는 안 되는 존재라고 말할 수 있다.

어른들은 돈이 있어야 사람 구실을 할 수 있다는 말을 강조한다. 이 말은 돈이 있어야 사람 대접도 받고 돈이 있어야 우대를 해주는 세상 사람들의 통념을 말하는 것이다. 제아무리 똑똑하고 잘 났어도 가진 돈이 없으면 빛 좋은 개살구라는 뜻이 된다. 그만큼 세상은 돈이 있고 없는 것으로 사람을 판단하고, 돈이 있는 사람을 우선으로 대한다는 것이다. 사회의 기본적인 사고들도 모두 돈으로 인해서 사고가 일어난다고 해도 거짓말이 아닐 것이다. 돈으로 모든 것을 해결 지을 수 있다고 생각하고 살아가는 사람들이 대부분인 세상이 되어버렸다고 해도 과언이 아니다.

이러한 세상 흐름 속에서 청소년들마저도 한탕주의자가 되어 인터넷의 도박 사이트에 얽매여 도박을 끊지 못해 중독 인생을 사는 청소년들이 늘어가는 형국이다. 학업에 매진해야 할 10대와 인생 항로를 결정해야 할 20대 청춘들이 도박으로 몸살을 앓고 있다. 코로나19 사태로 학교에 가지 않고 컴퓨터나, 스마트폰을 이용해 손쉽게 도박 사이트에 접근해 사행의 늪 속에 빠져 살면서 더 심각해지는 양상을 보이는 현실이다. 불확실한 것을 얻기 위해 확실한 것을 걸고 내기를 하는 것이다. 인생 전부가 돈이라고 여기는 잘못된 생각으로 한탕주의에 빠져들고 있다.

17세기 프랑스의 수학자이자, 철학자인 파스칼은 이런 말을 했다.

"세상에서 가장 확실한 것은 내가 땀 흘려 번 소득이다. 일확천금이나 불로소득을 꿈꾸는 것처럼 어리석고 허망한 건 없다."

방향을 바꾸는 것
또한 방법일 수 있다

삶의 질을 변화시키는 데 필요한 '그 무엇'이란 첫 번째로
'난 반드시 내가 원하는 대로 살 수 있고' 그렇게 되도록 할 수 있다는 신념이다.

— 폴 J. 마이어 —

나폴레온 힐의 철학의 핵심은 '삶을 긍정하는 것'이다. 삶의 중심에 '나'를 두고, 내가 무엇을 위해 사는지 뚜렷한 목표를 정하고, 그 목표를 향해 실천해나간다면 우리는 얼마든지 성공적인 삶을 이끌어나갈 수 있다. 전 세계 1억 명의 삶을 바꾼 그의 철학은 우리 인생에 나침반이 되어줄 뿐 아니라, 삶에 지쳤을 때, 앞길이 막막할 때 우리의 손을 붙들어주고 등을 받쳐주는 든든한 조력자가 될 것이다. 평생을 바쳐 인간 삶의 본질을 연구함으로써 세계적 인생 철학자가 되었다. 그의 롤 모델은 선택이 아닌 필수라고 말한다…. 존경하는 사람을 본받는 것은 결코 영웅 숭

배가 아닌, 삶을 바르게 인도하는 제일 나은 방법이라고 한다. '자기 자신을 이끌지 못하면 그 누구도 이끌 수 없다'라는 격언에 인생을 사는 데 필요한 지혜가 담겨 있다고 한다.

천호식품 김영식 회장은 이렇게 말했다.

"인간은 말의 지배를 받는 동물이다. 성공하는 사람은 말부터 다르다. 그들의 말은 늘 확신에 차 있고, 긍정과 낙관으로 가득하다. 성공했기에 말이 달라진 것이 아니라, 말이 다르기에 성공한 것이다. 성공할 기미가 없는 사람들을 보라. 말에 자신이 없고 부정과 비관으로 가득 차 있다. 그리고 남을 탓하고 욕한다."

오래전부터 알고 지내던 청년은 홀어머니 밑에서 남동생과 여동생이 생활을 해왔다. 초등학교 시절에 병마로 아버지를 잃고, 홀어머니가 강한 생활력으로 삼남매를 뒷바라지하며 힘겹게 자라왔다고 한다. 집안의 장남인 청년은 고등학생이 되기 전부터 어린 나이에 아르바이트를 하며 생활에 보탬을 주고 장남이라는 책임감이 있어서인지 어머니의 고생을 조금이라도 덜어드리기 위해 학교 수업을 마치면 무슨 일이든지 돈을 벌기 위해, 일거리를 찾아서 돈을 벌며 참으로 열심히 사는 청년이었다. 그러던 청년은 군대를 다녀오고 난 뒤부터 이 일, 저 일 가리지 않고 돈벌이를 하며 부동산 공인중개사가 되기 위해 열심히 공부하여 공인중개사 2차 합격을 하고 자격증을 따서, 청년의 선배가 하는 부동산 사업에 합류하여 부동산의 안목을 넓혀갔다. 5년 여의 세월이 흐른 지금은 부동산을 몇 채를 가지고 있는 탄탄한 기반을 이루었다고 한다. 예전에 일하던 식당에서 청년이 아르바이트했던 계기로 청년을 알게 됐었다. 그때의 청년과 대화를 나누어보면 모든 것을 긍정적으로 받아들였고 자신은 꼭 성공해서 삼남매를 위해 고생을 많이 하신 홀어머니를 편하게 모실 거라고, 입버릇처럼 항상 미래의 성공에 확신에 찬, 말을 하던 청년이었다. 그랬던 청년은 자신이 말했던 대로 남부럽지 않게 성공을 이루었고 그의 어머니도 성공한 아들 덕택으로 지금은 편안한 생활을 하게 됐다고 한다. 청년은 자신이 결심하고 말한 대로 자기 자신을 이끌어갔고 자신이 선택한 방향으로 바꾸어 최선을 다하여 옳은 결과로 최고의 삶을 살아갈 방법을 얻게 된 것이다.

나폴레온 힐은 『놓치고 싶지 않은 나의 꿈 나의 인생』에서 이런 말을 했다.

"단지 금전적 수입뿐만 아니라 풍요롭고 수준 높은 삶을 사는 사람들에게는 한 가지 뚜렷한 특징이 있다. 이 드물고 독특한 사람들에게는 성공을 향한 불타는 소원이 있다는 것이다."

'불타는 소원'은 우리 마음속에서 불타고 있으므로 일반적인 소원이나 욕망과 아주 다르다. 일단 불이 붙으면 무슨 일이 있더라도 절대 꺼지지 않는다고 한다. 모든 변화는 변하고자 하는 소원, 강렬하게 불타는 소원에서 시작한다는 것이다.

살아가는 방향을 바꾸는 방법 또한 자신의 내면에 의식의 변화가 있어야 한다. 그리고 새로운 방향의 길에 관한 생각을 전환하며 긍정의 말과 이루고자 하는 목표를 적어서 되새기는 습관을 지녀야 한다. 사람들은 항상 살고 있는 현실에서 방향을 바꾸기를 두려워한다. 가보지 않고 겪어보지 않았기 때문에 두려움과 망설임으로 다가서지를 못하는 것이다. 새로운 방향으로 성공할 수 있다는 생각이 들었다면 곧바로 시작하는 것이 우선이다. 시작하게 되면 앞으로 나갈 수 있는, 또 다른 방향의 길이 생기게 되어 있다. 강렬하게 이루고자 하는 불타는 소원이라면 불꽃은 꺼지지 않을 것이며 소원하는 일이 반드시 이루어질 것이다. 방향을 바꾸어 시작도 해보기 전에 미리부터 두려움으로 망설일 시간을 낭비하지 말고 방향을 바꿈으로 인해, 성공할 수 있다면 제일 나은 선택을 해야 하는 방법일 수 있다.

웨인 다이어는 『확신의 힘』에서 "새로운 나를 상상하면 미래의 꿈은 현실이 된다.' 이 말을 몇 번 반복하라."라고 말한다.

또한 네빌 고다드는 "더욱 가치 있고 새로운 자신을 세상에 나타내려면 여러분은 되고 싶은 모습이 이미 되었다고 가정하고 그 가정을 믿으며 살아가야 한다. 아직 여러분의 몸으로 나타나지 않았어도 자신이 원하는 모습이 되었다는 가정을 철저히 믿는다면 그 새로운 가치나 의식의 상태가 현실 속에 나타날 것을 확신해야 한다."라고 말했다.

성공을 이루어낸 사람들의 공통점은 하고 싶은 일을 했기에 성공할 수 있었고 어려움이 따랐지만 계속 밀고 나갔기에 지금의 위치에 설 수 있었다고 한다. 많은 사람이 새로운 일에 도전하기를 주저하지만 오히려 새로운 일에 적극적으로 뛰어들었고, 많은 실패도 경험해야 했지만, 그 실패들이 성공으로 이끌어줬다고 말한다. 성공자들은 대부분이 자수성가한 사람들이었다. 그들은 아무것도 가진 것이 없는 맨몸으로 자신이 바라는 것을 향해 집중하고 노력하며 자신을 믿는 믿음으로 성공을 이루어냈다고 했다. 자신이 이루고자 하는 목표에 이미 도달했다고 믿고 간절히 품고 있었던 꿈 덕분에 그 어떤 시련과 역경도 극복할 수 있었다. 새로운 일에 도전하기를 성공을 이루기 위한 시작이라고 여기며 인생에 방향을 바꾸는 것 또한 성공을 이루는 방법일 수 있다고 한다.

평범한 사람은 평범한 생각밖에 하지 못하고, 비범한 사람은 비범한 생각을 할 줄 안다. 스스로 목표를 세우고 그 일을 실천해서 성공을 이루는 현실을 만들어낸다. 포기하지 않고 꾸준히 노력하고 도전할 때 꿈은 반드시 실현된다. 성공한 사람들은 꾸준한 노력과 포기할 줄 모르는 도전 정신의 달인들이다. 꿈을 이루기 위해 가슴속에 뜨거운 열정을 담고, 꿈을 향해 나아갈 수 있는 도전 정신을 가지고 앞으로 나아간다. 꿈이 있어 행복한 인생을 살기 위해 오늘보다 더 나은 내일을 살아갈 것을 믿고 확신한다.

코로나19로 인해 위기를 기회로 삼아 꿈으로만 간직하고 있었던 책을 쓰라고 내면의 아이는 말해주고 있었다. 코로나19의 여파는 내 인생의 가장 큰 전환점을 이루게 했다. 값어치 있는 삶의 길이라면 방향을 바꾸는 것 또한 방법일 수 있다.

06

행복은
가까이에 있다

당신이 할 수 있는 가장 큰 모험은
당신이 꿈꾸는 삶을 사는 것이다.

- 오프라 윈프리 -

한결같은 삶 속에서 벗어나 꿈을 향해 묵묵히 도전하는 사람들은 공통점을 갖고 있다. 행복한 삶을 마음에 품은 현명한 사람들이라는 점이다. 진정한 자유인은 마음속 보석, 곧 꿈으로 향한 마음이 행복을 불러온다고 한다.

혼자서도 행복할 수 있지만 다만, 소소한 행복일 뿐인 것이다. 소소한 행복이라고 해도 사람들에 의한 관계에서 비롯되어지는 행복을 얻을 수 있다고 한다. 세상을 혼자서 살아간다고 하지만 혼자가 아닌 많은 사람

속에서 혼자만의 생활을 하는 것이라고 해야 한다.

행복을 얻었다는 것은 사람들의 관계 속에서 이루어낸 행복이라고 여겨진다. 제아무리 맛있는 음식을 만들어 판매를 한다고 해도 그 음식을 사 먹는 사람들이 맛이 없다고 한다면 맛있는 음식이 아닌 것이 된다. 좋은 내용의 글이라도 읽어주는 사람이 없다면 무용지물의 글이 되어버리는 것이다. 음식을 맛있게 먹어주는 사람이 있어야 음식을 만든 보람과 행복을 느낄 것이며 좋은 내용의 글을 읽어주는 사람이 내용이 좋아서 여러 사람에게 글의 내용을 전하면서 많은 사람이 호응해줄 때, 글을 쓴 사람이 행복을 느끼게 될 것이다.

무덥고 비가 많이 내렸던 여름날도 잠시인가 싶더니, 어느새 가을이라는 계절이 성큼 다가와 있었다. 높고 청명한 가을의 하늘빛은 파란 도화지 위에 새털 같은 솜뭉치를 뿌려놓은 듯이 만지면 금방이라도 손에 잡힐 것처럼 하늘에 동동 떠 있는 한 폭의 실제의 현상을 연상케 한다. 코로나19로 집안에서의 생활이 길어지다 보니 무기력한 몸과 마음에 활력을 얻고 싶어 가까운 곳의 산행을 나섰다.

산길을 오르면서 싱그러운 녹색 나무들과 시원하게 불어오는 바람결에 나뭇잎들이 주고받는 인사라도 나누는 듯한 날갯짓의 일렁이는 소리에 힐링하며 눈과 귀가 동시에 만족이 되는 이 순간이 너무 행복했다. 산 중턱을 오르면서 준비해 온 오이를 한입 물어 입안 가득히 채워 갈증을 해소하며 한참을 더 올라가 간단한 밑반찬과 김자반을 넣어 돌돌, 말아 온 주먹밥을 펼쳐놓고 나무들의 품속에서 먹는 즐거움은 이루 말할 수 없는 행복의 선물을 선사해준다. 집에서 쉬겠다며 산행을 거부하다가 따라나선 남편이 나보다 더 즐거워하며 따라나선 보람이 있다고 말한다. 이렇게 행복은 먼 곳에 있는 것이 아니었다. 아주 가까이에서 나와 같이 하고 있다는 것이 새삼스레 마음 가까이 다가왔다.

사람은 누구나 행복한 삶을 살기 위해 살아간다. 그러나 행복은 그리 거창하게 먼 곳에 있는 것이 아니다. 누구나 자신이 느끼기에 따라서 행복한 삶을 살 수 있고, 자신 스스로가 행복하지 않다고 느끼면 행복한 삶을 멀리에서 찾으려 한다는 것이다. 우리가 살고 있는 일상생활에서 언제나 행복을 느끼며 살 수 있지만, 마음가짐에 따라서 행복하다고 하는 사람과 행복하지 않다고 하는 두 갈래의 느낌이 있기 때문이라고 생각한다. 반면에 꿈을 가지고 꿈을 이루어나가는 사람들은 늘 행복한 삶을 살아간다고 한다.

꿈을 이루기 위한 과정이 행복하고 이루어가는 성취감으로 행복을 실감한다고 한다. 맞는 말일 것이다. 무의미한 사는 대로의 삶이 아닌, 꿈을 향해 도전하는 삶들이 활력을 줄 것이며 항상 꿈을 이루기 위해 생각하고 진취적으로 자신을 나아가게 만들어가는 과정에서 행복을 느끼며 성공을 향해 앞서나가기 때문일 것이다. 행복은 가까이에서 자신이 만들어 가는 과정에 있다고 한다.

우리는 목적 지향적인 면이 많은 세상을 살아가고 있다. 좋은 대학에 가야 하고, 좋은 집이 있어야 하고, 좋은 직장이 있어야 행복하다고 생각한다. 그것을 얻기까지 많은 것을 참고 불행한 시절을 겪으며 좋은 대학에 가면 행복한 것일까? 그렇게 믿지 않는 사람들은 많을 것이다. 행복은 어떠한 조건을 만족하는 순간 소유하게 되는 무엇이 아니라, 그러한 조건을 만족하기 위해 가까운 사람들과 함께 고민하고 노력하는 과정이라고 믿는다.

연세대학교 염유식 교수가 서울 시민 1,000명을 대상으로 수행한 연구 결과에 따르면 월수입이 400만 원까지는 행복도가 소득에 비례해서 증가한다고 한다. 하지만 400만 원 이상의 수입은 더, 행복 정도를 늘려주지 않았으며 400만 원 정도 수입이 되면 더 벌려고 발버둥 치기보다는 주변 사람들과 더 많은 시간을 보내며 아이들에게 경쟁에서 사회적으로 더 좋은 위치를 얻게 하는 것보다 더 중요한 것은 가까운 사람들과 어울리면서 살아가는 방법을 가르쳐주는 것이라고 한다.

10년째 하고 있는 우리나라 어린이 청소년 연구에 의하면, 엄마가 자녀들의 친구나 선생님, 주변 인물을 많이 아는 자녀일수록 더 행복했다고 한다. 이런 아이들은 자신의 고민이나 생각을 엄마와 많이 공유할 가능성이 크다고 말한다. 행복은 우리 주변 가까이 있다는 것을 증명해준다.

나폴레온 힐은 "생각에 신념이 더해지면 그것이 잠재의식에 전해져서 현실로 드러나는 명확성과 속도가 엄청 높아진다."라고 말했다. 신념의 힘으로 생긴 속도가 너무 빨라서 많은 사람이 기적이라고 믿는 일이 생긴다는 것이다. 비록 어려운 현실 속에서도 잘 버티며 살아왔듯이 신념의 믿음으로 좋은 날이 함께 한다는 확신을 가지고 모든 분에게 웃음을, 행복을, 사랑을 가득 담아 건강하게, 성실한 사회의 꼭 필요한 사람이 되어주길 바라는 행복한 마음을 전해 드린다.

지난해의 명절을 앞두고 무척이나 심한 감기 몸살을 앓게 되었다. 그날따라 억수 같은 비가 내렸고 연휴가 긴 탓으로 진료를 하는 병원을 찾아 콜택시를 불러서 병원을 갔다. 온몸이 무너져 내릴 것 같은 통증과 38도를 넘는 열을 가라앉히기 위해 링거에 처방 약물을 주사기로 복합하여 두 시간가량을 맞고 난 뒤에 몸을 추슬러 집에 가려고 하니 몸도 가누기가 힘들었고, 비도 많이 오는 날씨 관계로 힘들어하는 나의 표정을 보고 간호사 아가씨가 의사 선생님께 집이 가까운 거리에 있으니 모셔다드리고 와야 하겠다며 논의를 드리자, 마침 병원에 오는 손님도 없는 시간 때여서 다행으로 간호사 아가씨는, 아가씨의 자가용에 나를 태워놓고 처방전을 갖고 약국에서 약을 타왔으며, 나를 집에까지 태워서 내려주고 갔다.

콜택시만 불러줘도 감사한 일인데 약국에서 약을 받아와 주고 손수 자가용에 태워 집에까지 태워다줬던 그날의 간호사님이 너무나 고마워 눈시울을 적셨다. 천사를 만나 도움을 받은, 잊을 수 없는 행복을 선사해준 백의의 천사 간호사님의 사랑이 기억 속에 남겨져 있다. 행복은 가까이에 있으며 누구라도 행복을 나눠주는 천사가 될 수 있기를 바라는 마음이다.

07

누군가의 말 한마디가
인생을 바꾼다

네가 소중하게 여기기를 바란다면
먼저 타인을 소중하게 여겨야 한다.

– 증자 –

내 말 한마디에 누군가의 인생이 바뀌기도 한다. 정성껏 들어주면 마음이 동화된다.

말에는 자기 최면 효과가 있다.

살아오는 동안 누군가에게 기억에 남을 만한 칭찬을 해본 적이 있을까? 자라오는 과정에서 칭찬을 받고 사랑을 받으며 자라온 아이는 어른이 되면 칭찬과 사랑이라는 말이 익숙해 그 또한 상대방에 대해 칭찬의 말이나 사랑한다는 말을 하는 것이 익숙해져서 칭찬이나 사랑의 말이 필요한 상대에게 아끼지 않고 해줄 수 있다고 한다. 칭찬과 사랑을 받으며 자라왔기에 그 말에 어긋나지 않기 위해 본인 스스로 노력을 하게 된다. 그런 반면에 칭찬을 받지 못하고 자라온 사람은 어른이 되어서도 칭찬하는 것이 어색해서 칭찬에 인색한 사람이 된다.

내가 자라온 시대는 밖에서나 가정에서 별로 칭찬을 받아본 기억이 손꼽을 정도인 것 같다. 우리들의 부모님의 관점에서 똑같지는 않겠지만 거의 칭찬에 인색한 시대의 부모님이셨던 것 같다. 하지만 현재의 시대는 서로들 바쁘게 살아가는 탓으로 가족과의 얼굴을 보며 대화를 나누는 시간이 거의 없다시피 할 정도로 쉼 없이 빠르게 흘러가는 속에서 갈수록 각박해진 인성으로 살아가는 시스템에 속해 있다고 해도 과언이 아닐 정도로 바쁘게 살아가고 있다.

데이비드 노박이 "칭찬은 고래도 춤추게 한다, 아낌없이 칭찬하라.", "작은 성공도 칭찬하고 축하하라."라고 말하며 독특한 칭찬 문화로 소통 중심의 기업 문화로 일으킨 경영 혁신은 두고두고 회자되고 있다. '사람이 중심'이 되라는 노박의 말을 마음에 새겨본다.

고래에게도 잘한다고 칭찬을 해주면 신이 나서 더 좋은 묘기를 보여

주며 춤을 춘다고 한다. 하물며 남녀노소를 불문하고 사람에게 칭찬하는 것을 아낌없이 하라고 말한다. 칭찬은 가능성이 없는 일도 가능하게 만든다. 칭찬의 말 한마디에 의욕과 열정으로 더 잘하려는 욕망이 생겨난다고 한다. 우리는 모두 사람의 중심에서 살아가야 하기 때문이다.

사마광은 그의 저서 『아버지의 말 한마디가 자녀의 인생을 바꾼다』에서 "고금을 두루 살펴보면, 큰일을 맡았던 사람은 몸이 피곤하고 일이 매우 바빠도 그의 마음에는 항상 여유가 있었단다. 대개 여유가 있으면 마음이 고요하게 되고 마음이 고요하면 정신이 맑아진단다. 마음에 늘 여유가 있으면 세상사에 통달하게 되고 세상사를 통달하면 총명해지는 것이 세상의 이치란다."라고 말한다.

그는 바쁘게 살아가는 삶 속에서 피곤한 몸이라도 마음의 여유를 가져야 한다고 말하고 있다. 고요한 마음에서 맑은 정신으로 세상을 통달하며 총명을 얻으라고 한다. 현재의 바쁜 현실을 사는 사람들에게 교훈을 주고 있다. 바쁜 생활에 지치고 피곤한 몸으로 마음의 여유를 찾기는 누구에게나 쉬운 일은 아닐 것이다. 이런 날들이 반복되는 현실에서 사람들은 여유를 찾으려 하기보다 강박해진 심리 상태로 이기적으로 자신만을 생각하게 되고 대화의 시간은 점점 줄어들고, 상대방이 자신을 먼저 이해해주길 바라는 마음이 앞서가는 삶을 살게 된다.

하지만 지혜로운 사람들은 똑같은 생활 방식에서도 마음의 여유를 가지며 세상을 바라보는 관점을 총명한 관찰력으로 성공을 향해 앞서나가며 큰일을 해낸다는 것이다.

어느 날 한 기자가 빌 게이츠에게 질문을 했다.

"세계 제일의 갑부가 되는 비결이 무엇입니까?"

"나는 날마다 스스로 두 마디 말을 합니다.

'오늘은 큰 행운이 나에게 있을 것이다.' 그리고
'나는 뭐든지 할 수 있어.' 이 두 가지 말입니다."

말은 상대방보다 자신에게 긍정의 말의 암시를 할 때 더 큰 위력을 발휘하게 되고 주문을 하듯이 기도하는 형식의 말도 자기 자신에게 하는 말이 된다고 한다. 말에는 최면 효과가 있어서 말에 따라서 이루어지게 된다는 것이다. '말이 씨가 된다.'라는 말이 있듯이 사람이 하는 말을 보면 그 사람의 미래를 알 수 있다고 한다. 성공한 사람들은 결말의 관점에 초점을 맞추고 긍정의 말을 한다고 한다.

"어제 뿌린 씨앗이, 오늘의 나를 만들고 오늘 뿌린 나의 씨앗이 내일의 나를 만든다."라고 한다.

오랫동안 직장이 없는 사람은 일을 안 하고 무기력한 생활에 익숙해 스스로가 자신을 평가하기를 원래 백수라고 호칭을 했다. 그렇게 자신을 백수라고 말하다 보니 그는 백수로서의 삶을 벗어날 생각조차 하지 않게 됐다. 이처럼 말에 따라서 인생이 달라진다. 백수가 아닌 부자가 되리라 생각하고 말을 했다면 부자가 되기 위해서 할 일 없이 지내는 백수로서의 삶은 살지 않게 되었을 것이다. 말 한마디가 인생을 바꿀 수 있고 심리의 변화로 세상을 바꿀 수 있다. 누군가의 말 한마디가 인생을 바꾼다.

주위에 알고 있던 사람은 항상 불평불만으로 말끝마다 "이런 꼴을 안 보려면, 내가 죽어야지." 소리를 입버릇처럼 했다. 그는 자신이 하는 일 외에 상대방이 하는 일에 대해 한 번도 맘에 들어 하지를 않고 늘 푸념과 질타를 하며 못마땅하게 여겼다. 그러던 사람이 얼마 지나지 않아 생각지도 않은 급성의 불치병으로 한순간에 목숨을 잃었다.

이처럼 불행은 불평 때문에 생겨난다. 힘들어도 '나는 행복해' 하고 말을 하면 긍정적이고 적극적인 언어로 인생 역전이 가능하다고 한다. 이렇게 말이라는 것은 무한한 힘이 내재되어 있고 말이 씨가 된다는 것이다. 자신에게 격려하는 말을 함으로써 자신이 원하는 모습으로 바뀔 수 있을 것이다.

귀순 북한군 총격 사건을 직접 집도한 이국종 교수에 관한 이야기이다. 그의 아버지는 6.25 전쟁에서 한쪽 눈을 잃고 팔다리를 다친 장애 2급 국가유공자였다. 아버지는 그에게 반갑지 않은 이름이었다. '병신의 아들'이라 놀리는 친구들과 가난은 그림자처럼 따라다녔기 때문이다. 중학교 때 축농증을 심하게 앓은 적이 있는데 치료를 받으러 병원을 찾았지만, 국가유공자 의료복지카드를 내밀자 간호사들의 반응이 싸늘했다. 다른 병원을 찾던 중 그는 자기 삶을 바꿀 의사를 만나게 된다.

이학산이라는 외과 의사인데 그는 어린 이국종이 내민 의료복지카드를 보고 이렇게 말했다. '아버지가 자랑스럽겠구나.'라고 하시며 그는 진료비도 받지 않고 정성껏 치료하고 마음을 담아 이렇게 격려했다. '열심히 공부해서 꼭 훌륭한 사람이 되어라.' 그 한마디가 어린 이국종의 삶을 결정했다.

'의사가 되어 가난한 사람을 돌보고 아픈 사람을 위해 봉사하며 살자.' 그를 대표하는 삶의 원칙도 그때 탄생했다. '환자는 돈 낸 만큼이 아니라 아픈 만큼 치료받아야 한다.' 어린 이국종이 내민 의료복지카드를 보며

'아버지가 자랑스럽겠구나.'라는 말을 한 의사가 없었다면 그는 우리가 아는 이국종이 될 수 없었을지도 모른다. 부끄럽다고 생각한 의료복지카드를 자랑스럽게 만들어 준 근사한 말 한마디가 세상을 아름답게 한다. 이렇게 누군가의 말 한마디가 인생을 바꿀 수 있는 결과를 만들어준다.

이대로 살다 갈 수는 없잖아

4 장

세월이
깊을수록
인생은 즐겁다

살아가는 방법이
나를 만든다

비관론자는 모든 기회에서 어려움을 찾아내고
낙관론자는 모든 어려움에서 기회를 찾아낸다.

– 윈스턴 처칠 –

코로나19로 사람들이 각자의 삶을 영위해 나가기 위해 안간힘을 쓰는 시대에 살고 있다. 한가위 추석 명절을 얼마 남겨 놓지 않아서인지 모처럼 들린 미장원에는 60대의 어머니들이 합동으로 머리 손질을 하러 오신 듯이 꽤 많은 분이 차례를 기다리고 있었다. 아마도 동네의 단골손님으로 명절에 단정한 머리 모양을 갖추기 위해서 나섰던 것인가 보다. 차례를 기다리는 동안에 인생 이야기꽃을 피우신다. 동네의 사랑방을 연상하게 한다. 이야기를 듣고 있다 보니 시간 가는 줄도 모르고 지루함도 잊어버린 듯했다. 모든 어머니의 연륜이 많다 보니 하나도 흘려들어 버릴 수 없는 삶의 산 경험의, 산지식을 얻는 계기가 됐다.

한 어머니는 70이 가까운 나이이신데 여러 곳을 전전하며 가리지 않고 일을 하신다고 한다. 그 어머니의 남편 되시는 분은 오래전에 일손을 놓고 있는 탓으로 그 어머니가 돈을 벌지 않으면 생계를 유지해 나가기가 어려워서 안 아픈 곳이 없을 정도의 몸으로 병원에 다니며 일을 하러 다녀야만 한다고 하시며 젊었을 때 고생은 건강이 따라주어서 얼마든지 해낼 수 있었는데 나이 들어서까지 아픈 몸으로 일을 해야 하니 사는 것이 고통스러운 일이라고 하소연을 하신다. 사람은 노년의 복을 잘 타고나야 한다며 한 살이라도 젊을 때, 많이 벌어서 노후 대책을 해놔야 한다고 당부의 말씀을 하신다.

노후 대책을 완벽하게 준비해놓고 살아가는 노년층은 그리 많지 않다고 한다. 살아오는 대로의 삶 속에서 먹고살기에 바빴고 자식들 뒷바라지를 하다 보면 어느새 일하기엔 힘든 몸이 되어버린 것이다. 우리 어머니의 세대분들 대부분이 비슷한 현상일 것이다. 그래서 어머니께서 하시는 말씀은 젊었을 때부터 노후 대책을 해야 한다고 말씀을 하고 계신다. 아무런 생각 없이 사는 대로 살아가는 삶은 더 할 수 없이 막막한 노후를 보내게 된다. 자식들이 있다 해도 자식들의 삶을 살기에 바빠서 부모에게 도움의 손길을 바라지 않고 자식들이 살아가주는 것이 가진 것이 없는 부모에게 더할 수 없는 바람이라고 한다.

사람은 살아가는 방법에 따라서 자신을 만들어가게 된다. 누구라도 사는 대로의 삶이 아닌 생각하는 삶을 살아가야 한다. 세월은 쉼 없이 빠르게 흘러간다. 요즘의 시대는 1인, 2인 삶으로 개인주의적인 세상 흐름의 삶으로 살아가고 있다. 자신 스스로가 미래를 설계해놓지 않으면 100세 시대에서 많이 남아 있는 세월들을 보내기란 암담한 노후를 불러오게 된다는 것이다. 살아가는 방법을 미래의 자신의 삶을 보장해 줄 수 있는 길을 만들어가야 한다….

대부분 사람은 살아가고 있는 현실에 급급해 노후 생활에 대해 생각조차 하지 못하고 현실에 집중한 삶을 살아가고 있다. 중년을 넘어가는 나에게도 마찬가지의 삶을 지내온 결과였다. 좀 더 지혜롭게 노후의 생활을 생각했더라면 일찍부터 얼마든지, 적게나마 노후 대책을 할 수 있었을 텐데 왜 무지의 생각 속에서 많은 세월을 낭비했던 것인지, 수많은 세월이 흐른 뒤에야 되돌릴 수 없는 무지의 세월을 보낸 것을 후회하고 있다. 그러나 늦게 얻은 깨달음이지만 지금부터라도 이대로 살다가는 안 된다는 생각으로 남은 미래를 위해 살아가는 방법으로 최선을 다하는 삶을 살아가려고 노력한다.

'미국의 국민화가' 그랜드마 모지스는 노년인 75세에 그림을 배우기 시작해 80세에 첫 전시회를 열었다. 그의 그림은 순수함과 천진함으로 사람들의 감수성과 향수를 자극한다. 항상 따뜻한 시선과 손길이 느껴지며 마음을 담은 그림들에 사람들은 환호하기 시작했고, 결국 당시 뉴욕주의 주지사였던 록펠러는 그녀의 100번째 생일을 '모비스 할머니의 날'로 선포할 만큼 그녀의 인기는 대단했다.

이처럼 인생의 가치는 '무엇을 얼마나 해보았고 언제 시작했느냐?'보다 '가치 있는 일에 열정으로 임할 수 있느냐?'에 달려 있다. 우리의 인생을 책임지는 사람은 우리의 자신이다. 꿈은 아이들만 꾸는 것이 아니며 꿈은 나이와 상관이 없는 것이다. 지금이라도 자신이 하고 싶은 일이 있다면 지금 당장 실천해야 한다. 꿈은 가치 있는 인생을 살아가도록 만들어준다. 꿈으로 인해 인생의 아름다움을 느낄 수 있고 자신의 인생을 찾아 충실한 삶을 살 수 있게 된다.

가슴속에 꿈의 불씨가 타고 있는 사람은 어떤 역경과 장애물이 가로막아도 꿈을 이루어낼 것이다. 우리가 삶을 살아가기 위한 사명을 이루는 것이 참된 삶의 의미와 행복한 삶을 살게 한다는 것이다. 작은 일부터 소중히 생각하고 시작하며 모든 일에 최선을 다하며 살아가는 방법이 자신의 인생의 가치를 높여주며 의미 있는 인생을 살아갈 수 있게 하는 것이다. 사람은 누구나 똑같이 주어지는 시간 속에서 살아가고 있다. 그럼에도 꿈을 이루어 성공한 사람이 있는가 하면 몇 년 전이나, 오늘이나, 다가올 미래까지도 별반 다르지 않은, 살고 있는 그대로의 삶을 살아가고 있는 사람들이 많다. 이것은 뚜렷한 목적과 목표가 없이 사는 대로의 삶의 방식대로 살고 있기 때문이다. 나이를 불문하고 의미 없이 사는 삶에서 벗어나 꿈을 가지고 보다 더 값진 보람 있는 삶을 살아가야 한다.

잘살고, 못사는 것은 자신에게 달려 있다. 이왕 한 번 태어난 인생인데 잘 살고, 행복한 삶을 살다 가야 하지 않겠는가? 젊은 날의 삶은 인생에서 가장 중요한 시기라는 생각이 든다. 즐기는 데 시간을 낭비하지 말고 진취적인 미래를 설계하며 값진 젊은 날의 인생을 가치 있는 삶의 시간을 보내야 할 것이다. 살아가는 방법에 따라서 자신의 인생이 만들어질 것이다.

우리 시대의 최고의 동기부여가 지그 지글러가 들려주는 비즈니스 성공 법칙은 '다른 사람이 원하는 것을 얻도록 최선을 다해 도와주는 사람은 인생에서 자신이 원하는 모든 것을 얻을 수 있다.', '내가 매일 만나고 접하는 사람에게 선을 행하고 사랑하는 것'이라는 그의 신념과 철학을 구체화시킨 것이다.

사람의 중심 속에서 살아가고 있는 세상에서 제일 중요한 일은 지금 대하고 있는 사람에게 정성을 다해 사랑을 베풀어야 한다고 말한다. 인생에서 가장 중요한 시간을 충실히 살지 않고서는 절대 나아지지도 성공할 수도 없기 때문이다. 어떤 일이든 우리는 사람의 관계 속에서 함께한다. 기쁜 일이 있거나 슬픈 일이 있을 때도 늘 내 곁에는 이들이 함께했다. 모든 갈등과 오해도 사람으로부터 비롯되기는 하지만 그렇다고 사람을 포기해서는 안 된다. 기쁨, 즐거움, 행복 등 모두 결국 사람에게서 나오기 때문이다. 사람의 중심에서 사람을 중요하고, 소중하게 여기며 화합해 나가는 것이라고 한다. 생각이 바뀌면 운명도 바뀔 수 있으며 살아가는 방법에 따라 행복한 삶, 성공한 인생을 살아간다고 성공자들은 말하고 있다.

코로나19의 사태가 불러온 사회 분위기는 심각해져가고 있다. 추석 명절을 며칠 앞둔 시점이지만 실업자들도 늘어나고 예전보다 물가 상승과 경제 불황으로 사람들의 마음마저도 의기소침해져서 재래시장이나, 마트에서도 붐비지 않는 사람으로 썰렁한 명절의 시장 분위기를 보였다. 늘어난 실업자로 직장을 찾지 못하고 생활고에 걱정이 많은 사람들이 늘어나는 추세이다 보니 어떻게 하면 살아나갈 수 있는 길의, 해결 방안을 찾을지에 대해 많은 고민들을 하는 실정에 놓여 있다. 자신이 원하는 일, 가장 하고 싶은 일 등을 소망대로 이루어갈 수 없는 현실이라고 해도 인생을 살아가는 데 정답은 있기 마련이다. 이제부터라도 자신이 나아갈 길에 주저하지 말고 미래를 위해 창조하는 삶을 살아가야 한다. 살아가는 방법에 따라 자신의 운명 또한 바뀔 수 있다.

02

위기 속에
기회를 만난다

그대의 가치는 그대가 품은 이상에 의해 결정된다.
용기는 위기에 처했을 때 빛나는 힘이다.

― 그라시안 ―

살아가는 동안에 삶의 위기는 누구에게나 찾아오기 마련이다. 위기를 슬기롭게 넘어가는 사람이 있는가 하면 위기 속에서 벗어나지를 못해 더, 깊은 수렁으로 빠지게 되는 사람도 있다. 그러나 현명한 사람은 위기 속에서 성공의 기회를 포착하기도 한다. 포착한 기회를 놓치지 않는다. 위기 속에서 찾은 좋은 때를 놓치지 않고 자신에게 주어지는 기회를 잡는 것이 중요하다. 위기 속에 기회는 쉽게 발견할 수 없으며 그것을 잡기란 더욱 어렵다. 무슨 일을 하든지 처음이 어렵고 두려운 것이다. 두려운 만큼 용기를 내어 얼마나 절실하게 노력하느냐에 따라 그 두려움은 사라지게 된다. 진정한 용기는 두려움을 느끼지 않는 것이 아니라 두려워하면서도 앞으로 나아가는 것이다.

코로나19 여파 속에서 제2의 인생에 재테크를 설계할 기회를 얻을 수 있게 되었다. 중년을 넘어가는 시점이 늦었다는 생각을 갖게 했지만 더는 이대로 살다 갈 수는 없다는 생각을 하며 가슴에 품고 있던 꿈을 뒤로 미룰 수는 없었다. 이 기회를 놓치면 두 번 다시 내 삶에서 기회는 오지 않을 것 같았다. 가보지 않은 새로운 길에 대한 두려움이 앞서기도 했지만, 마지막 도전이라고 다짐을 하며 꼭 이루어 낼 것이라는 결심을 했다. 남들이 했다면 나도 해낼 것이라는 자신감을 느끼고 최선을 다한 결과로 위기 속에서 만난 기회는 나에게 작가의 타이틀을 선사해주었다.

"위기는 기회의 다른 이름"이라고 말하며 미래의 변화에 적극적으로 대응해 달라고 당부하며 오세정 서울대학교 총장은 신년사 발표에서 "한층 더 성숙하고 풍요로운 사회가 되기 위해서는, 긍정적인 자세로 현재를 충실하게 살아갈 필요가 있다."라며 "기득권에 매몰되는 대신 진실한 자기 성찰을 해낼 수 있는 지성의 힘을, 보다 사려 깊은 사람이 되고자 치열하게 자기 자신을 돌아보는 반성의 힘을, 한층 더 풍요롭고 정의로운 공동체를 만들기 위해 타인에게 손을 내밀고, 타인이 내민 손을 붙잡는 공감의 힘을 믿는다."라고 했다.

이어 "우리 사회가 자신에 대한 깊은 성찰과 타인에 대한 따뜻한 배려가 넘치는 공동체가 되기를 기원한다."라고 말하며 대학 구성원들도 이러한 사회를 만들어가는 데 노력해줄 것을 청했다.

위기 속에 기회가 있듯이 산행에서도 위험 속에 절경이 숨겨져 있다. 그 위험의 경계에서 안전을 잊어서는 안 된다. 감당할 만한 위험 수준에서 멈춰야 하고 기꺼이 물러설 줄도 알아야 한다.

집에서 가까운 거리에 있는 카페에 가끔 들려서 책을 읽고 생각나는 대로 메모를 하곤 했다. 자주 들리다 보니 주인도 알아보고 따뜻하게 인사를 하며 반겨주었다. 여러 달 동안 오가며 친근감도 들었고 가게에 손님이 없을 때는 서로의 이야기도 나누게 되었다. 처음에 몇 번 갔을 때는 주인인 청년이 직원으로 아가씨를 두고 영업을 하는 줄로 알고 있었다. 자주 들리게 되면서 알고 보니 청년과 아가씨는 결혼한 지 4년 차인 신혼부부나 마찬가지였다. 이 부부는 대학을 나오고 석사 과정까지 마치고 직장을 찾지 못하다가 학원에 시간강사로 수학과 영어를 가르쳤다고 한다. 학원의 시간강사 수입만으로는 생활해나가기가 힘든 와중에 코로나 19의 여파로 학원생이 줄어들면서 수입이 점점 줄어들게 되자 다른 방법의 삶의 길을 찾아야 했다고 한다. 그래서 선택한 길이 요즘의 젊은이들이 선호하는 커피 문화를 생각하고 부부 모두 바리스타 시험을 준비했고 바리스타 2급 자격증을 따게 됐다고 한다. 그 후 학원의 시간강사와 다른 카페에서 아르바이트를 병행하며 바리스타의 실력을 쌓은 뒤에 부모님의 도움을 빌려 조그만 카페지만 부부의 생활 터전을 이루게 됐다고 했다.

대학가에서 멀리 떨어진 곳이 아니라서 심심찮게 장사가 잘되어가던 중, 또다시 코로나19의 사태가 심각해져 오면서 사람과의 거리두기와 외출 자제, 학생들의 학교 수업도 예전처럼 진행할 수 없게 되는 사회의 전환점으로 변형이 되어 손님이 급격히 줄어들자 큰 고비를 맞게 되었다고 했다. 그럼에도 이들 부부는 더는 뒤로 물러설 수 없다는 생각으로 포장 판매로 배달을 해서 시켜 먹을 수 있는 판매 방법으로 바꾸었기에 매출도 오르게 되었고 영업을 이어갈 수 있게 됐다고 한다. 이처럼 고난의 위기 속에서도 기회는 있기 마련이다. 이들 부부의 자기 개발로 새로운 삶의 당당한 CEO의 자리를 구축하며 성공적인 삶의 길을 가게 된 것이다.

어려움 속에서도 긍정적인 사람이 위기 속에서 기회의 중요성을 찾게 된다. 말이 씨가 된다고 했듯이 좋은 말, 긍정의 언어 습관을 지녀야 한다. 우리의 뇌는 현재와 미래를 구분하지 못한다고 한다. 긍정의 말을 하면 무의식적으로 뇌는 이 사람은 성공했다고 생각하고 그렇게 행동하게 만든다는 것이다. 그리고 실제 성공을 이루게 된다고 한다. 자신의 성공한 미래의 삶을 자아의식에 심어줘야 한다.

얼 우즈는 아들 타이거 우즈가 최고가 되길 바랐다. 타이거가 기저귀를 떼기 전부터 아들에게 미래의 챔피언이 될 거라는 예언을 해주었다. 훗날 타이거 우즈는 실제로 골프 황제가 되었다. 똑같은 위기를 접했을 때도 성공한 사람들은 남들이 보지 못하는 것을 본다고 한다. 똑같은 것을 보더라도 남다른 직관과 날카로운 촉으로 다른 것을 볼 수 있다는 것이다.

평생 자기 느낌에 충실하게 살았던 사람 스티브 잡스는 이렇게 말했다.

"직관을 따르는 것이 가장 중요하다. 당신의 가슴 그리고 직관이야말로 당신이 진정으로 원하는 것을 잘 알고 있다."

애니메이션의 거장 월트 디즈니는 불우한 환경에서 신문을 팔며 연재된 만화를 보고 그림에 관심을 끌게 되었다. 어느 날 창고 안에 쥐들의 모습을 보고 그리기 시작한 것이 훗날 미키 마우스 탄생의 초석이 되었다. 모든 이야기의 배경이 전원과 평화로움은 어린 시절 시골 풍경을 바탕으로 한다. 그곳이 바셀린 마을이다. 미술도구를 구입하기 힘든 환경에서 또 다른 삼촌 로버트 디즈니는 틈틈이 펜과 도판을 월트에게 선물하곤 했다. 1919년 만화를 그리기 위해 캔자스로 향했다. 어렵게 구한 1분짜리 애니메이션 광고를 제작한다. 그 후 애니메이션의 중심인 뉴욕에서 영화의 본고장인 할리우드로 옮기게 된다.

〈이상한 나라의 앨리스〉로 투자를 희망한 그는 영화사 스튜디오와 시나리오에 아무도 관심 두지 않기에 포기한다. 그러자 위기 속 기회가 찾아왔다. 워너 브러더스의 관계자인 마거릿 윈틀러가 관심을 보인 것이다. 그녀는 자신의 캐릭터 확장을 준비하던 중 월트의 시나리오의 성공 가능성을 점쳤기 때문이다. 이로써 디즈니의 대표 캐릭터인 미키마우스가 탄생한다. 한 걸음 더 나아가 채색한 입체적인 캐릭터를 선보이며 애니메이션의 대표적 회사를 만든다. 이후 〈질주하는 카우보이〉, 〈증기선 윌리〉, 〈아기 돼지 삼형제〉, 〈백설 공주와 일곱 난쟁이〉, 〈피노키오〉, 〈신데렐라〉, 〈피터 팬〉 등의 흥행으로 디즈니사의 커다란 자산을 이루었다.

1989년 〈인어공주〉를 시작으로 〈알라딘〉, 〈미녀와 야수〉, 〈라이언 킹〉으로 제2 전성기를 맞는다. 2013년 〈겨울왕국〉으로 디즈니사의 열정은 오늘까지 계속되고 있다. 그는 이런 명언을 남겼다.

"우리의 모든 꿈은 이루어질 수 있다. 우리가 그 꿈들을 추구할 용기만 있다면, 불가능한 것을 하는 것도 꽤나 재미있다. 생각하고, 그다음 믿고, 그다음에는 꿈꾸고 또 꿈꿔라. 돈은 나를 흥분시키지 못한다. 아이디어가 날 흥분하게 한다. 나는 돈을 벌기 위해 그림을 그리지 않는다. 더 많은 그림을 그리기 위해 돈을 번다."

불우한 환경을 딛고 위기 속에서 기회의 만남을 통해 자신의 꿈을 이룬 월트 디즈니. 그의 꿈은 오늘날 많은 아이들에게 또 다른 꿈을 키워주고 있다. 이렇게 위기 속에서 기회를 성공의 발판으로 삼아 성공한 대가들은 수 없이 많다. 위기를 절망이라 여기기보다 희망의 기회를 만날 수 있는 삶의 한 부분에서 지혜로운 직관력으로 자신이 진정으로 원하는 것을 할 수 있어야 한다.

03

사람들은 사람에 의해
살고 있다

최고가 되기 위해 가진 모든 것을 활용하세요.
이것이 바로 현재 제가 사는 방식이랍니다.

– 오프라 윈프리 –

　사람들은 모두 스스로 자신을 돌봄으로 살고 있는 것처럼 생각하고 있지만, 실은 오로지 사랑에 의해서 살고 있는 것이다. 만일 사람들 속에 사랑이 없다면, 단 한 명의 인간도 살아남지 못할 것이다. 한평생을 살아가면서 겪는 기쁨, 행복, 배신, 절망 등 감정과 연관 있는 단어를 살펴보면 모두 사람과의 관계에서 비롯된 경우가 대부분이다. 부부간의 관계, 자녀, 형제, 자매, 친척, 지인 등 언제나 사람과의 소통으로 우리는 삶을 살아가고 있는 것이다. 사람에 대한 깊은 통찰로 심리를 잘 이해하게 되면 어떤 어려움이 닥쳐도 헤쳐나갈 수가 있다.

중년을 넘긴 한 부부는 많은 시련과 고난 속에서도 슬기롭게 살아온 결과로 아이들도 잘 성장하여 결혼했다. 아저씨도 퇴직하여 받은 퇴직금으로 마지막 노년을 좀 더 풍요롭게 살기 위해 친구분과 식품 유통업을 동업하기로 하며 보증을 서고, 퇴직금을 투자했다고 한다. 직장 생활로 생계를 위해 인생 절반을 일을 하고 이제는 자신이 할 수 있는 좋아하는 일을 하고 노후 생활 설계를 하며 편히 살아보고자 선택한 일이었다고 했다. 처음 사업을 시작했던 당시에는 그동안 살아오면서 쌓아온 인맥 덕분으로 많은 지인분의 도움을 받아 성업으로 진행될 것 같았던 사업이었다고 했다.

그런데 2~3개월이 흐르자 지인분들과 연결됐던 식품의 구매율이 줄어들기 시작했고 거래했던 거래처도 더 이상 구매하지 않게 되면서 들어갈 돈도 밀리게 됐고 점점 사업은 이익금보다 손해를 입는 실정에 이르게 됐다고 한다. 그럼에도 아저씨는 물러설 수 없다는 마음에서인지 새로운 식품들을 유통하기 위해 끌어당기게 됐고 잘되기를 바랐던 마음과는 달리 시간이 흐를수록 재고품은 쌓이게 됐고 선수금을 주고, 식품을 들여놓은 결과로 결국은 투자한 퇴직금과 보증을 서서 이룬 사업은 5, 6년을 끌어온 결과 이익금을 얻기는 만무했고 퇴직금도 물거품처럼 사라졌다. 남은 것은 친구분의 보증을 서게 된 이유로 살고 있는 집까지 은행의 담보물이 되어 내 집이 아니라고 했다.

반평생을 직장 생활만 했던 아저씨는 사회의 돌아가는 시스템을 완전히 파악하지 않고, 친구분의 말만을 믿고 따랐던 결과물이 반평생 이루어온 모든 것을 송두리째 잘못된 순간의 선택으로 모두 다 잃어버린 애석한 일이 되어버린 것이었다. 사회의 식품 유통업의 구조를 쉽게 받아들였고 사람에 대한 깊은 통찰을 가볍게 여긴 결과 불러들인 되돌릴 수 없는 피해를 보게 된 것이었다.

아저씨는 옆에서 보증만은 서지 말라고 말리는 아주머니 말을 귀담아들으려 하지도 않으셨고 자신의 주장이 옳다고 내세우며 사업을 추진했다고 한다. 이제는 생활하기 위해 자식한테 아쉬운 소리를 하기도 불편해서 일거리를 찾아 일하며 생활해가고 있다고 한다. 어떤 큰일을 하기 전에 승패에 관한 생각도 해보아야 한다. 그리고 제일 가까운 가족의 의견도 존중하며 새겨들어야 한다는 생각을 한다. 자기주장이 강할 때는 옆에서 누가 옳은 조언을 해줘도 귀에 들어오지 않게 된다.

모든 일은 사람에 의해서 이루어진다. 어떤 일을 계기로 결정의 순간을 둔 시점에서 조언의 말을 무시하지 말고 새겨들을 줄도 알아야 한다.

위기를 기회로 삼아 도약에 성공한 한연식 스마트해운항공(주) 대표이사의 이야기이다.

스마트해운항공은 중국과의 교역량이 엄청난 규모임을 알게 되었다. 그래서 2015년 여름부터 중국을 상대로 본격적인 사업을 시작했다. 그 과정에서 알프레드 하오(ALFRED HOA) 현 중국 마케팅 사무실 지점장과 든든한 파트너가 되었다.

한 대표는 "하오 지점장을 만나게 된 것은 큰 행운이었다."라며 "하오 지점장과 만남은 회사의 본격적인 성장을 이루는 계기가 됐다. 지금까지도 우리는 한 가족으로 동반 성장하고 있다."라고 했다. 즉 사람이 사업에서 가장 중요하다는 의미다.

스마트해운항공은 한진해운 부도 사태와 맞물려 그야말로 위기와 기회를 동시에 만난다. 2016년 9월 당시 최대 국적 선사였던 한진해운은 법정관리를 거쳐 파산을 하는 상황에 이르렀다. 이런 연유로 화물이 오도 가도 못 하게 되어 부산항에서 묶여버렸다.

스마트해운항공은 이 기회를 놓치지 않고 가장 빨리 화물을 처리하기 시작했다. 중국 마케팅 사무실을 통해서 이에 대한 대대적인 홍보가 행해졌다. 덕분에 스마트해운항공은 중국에서 이름이 알려지고 더 빨리 성장하게 되었다.

한 대표는 "어려운 위기가 올 때마다 적극적으로 함께 헤쳐나가려는 직원들의 의지와 희생이 큰 힘이 됐다"라고 전했다.

한 대표는 "현재 스마트해운항공은 한국의 작은 운송 주선인에 지나지 않지만 언젠가는 청년들이 가장 들어 오고 싶어 하는 회사, 아무도 나가고 싶어 하지 않는 회사를 만들고 싶다."라며 "목표를 이루기 위해 혁신을 꿈꾸는 사람들과 더 똑똑한 세상을 만들고자 최선의 노력을 다할 것"이라고 전했다.

서로 잘되기를 바라며 응원을 해주고 서로가 서로에게 손수건 같은 사람이 되어줄 수 있는 사람, 사람을 통해 마음의 연고를 바를 수 있다는 것을 보여 줄 수 있는 사람이 되어야 할 것 같다.

크리스토퍼 리브는 영화 〈슈퍼맨〉의 주인공으로 많은 사람의 마음에 멋진 영웅으로 각인된 영화배우이다. 배우뿐만 아니라 영화감독, 작가로 슈퍼맨 실사영화 시리즈(1978~1987)에서 슈퍼맨으로 열연을 펼쳤다.

그는 승마 도중 낙마 사고로 전신 마비 판정을 받았지만 불굴의 의지로 재기하여 '크리스토퍼 리브 재단'을 설립해 마비 환자들의 치료와 재활에 힘쓰고 있다. 또 장애를 입은 와중에도 작가, 배우, 영화감독으로 활동하여 많은 사람에게 감동을 주었다.

그 과정에는 아내인 데이나 리브의 헌신적인 사랑이 있었고 친구인 영화배우 로빈 윌리엄스의 멋진 우정이 함께해서라고 전해진다. 사고로 너무나 심한 고통에 아내에게 총을 가져다 달라고 애원할 정도였고 그에게 남은 희망은 없는 것처럼 보였다. 그런 그에게 아내 데이나는 사랑한다며 나아질 것이라는 희망을 주었다고 한다. 친구 로빈 윌리엄스는 의사로 분장해 친구에게 웃음을 주고, 그가 고인이 된 후에는 그의 아들을 입양해 키웠다고 한다. 또한 많은 그의 팬들은 그가 죽었을 때 슈퍼맨 마크 모양의 꽃다발을 만들어서 그의 영전에 바쳤으며, 그를 진정한 슈퍼맨이라고 불렀다. 죽을 때까지 슈퍼맨다운 삶을 산 그에게 어울리는 찬사다.

삶에는 예측할 수 없는 여러 불행이 있다. 그 불행들을 이겨나가며 성장하고, 감사와 사랑을 발견하는 것이 생의 의미 중 하나라고 생각한다.

신은 그 불행들을 이겨내도록 함께 이겨나갈 사람들도 선물해준다고 생각한다. 크리스토퍼의 일화에서 사람이 답이며 사랑이 함께 한다는 확신을 해본다. 2004년에 고인이 되었지만, 그가 남긴 의지와 감동은 아직 많은 사람의 마음에 남아 있다. 모든 사람이 포기하지 말고, 희망을 잃지 말며 자신을 저버리지 않길 바라는 마음이다. 사람들은 이처럼 사람에 의해 살아간다. 상대방의 마음을 읽을 줄 알아야 하며, 사람에게 배려할 줄 아는 미덕을 갖추며 어떠한 조직에서도 사람의 마음을 감동하게 할 수 있어야 진보적인 성장을 이루어 갈 수 있고 서로의 진심과 사랑이 담겨 있는 말과 행동이 사람들과의 소통으로 성장하는 삶의 길이 될 것이라고 본다. 혼자서만은 세상을 살아갈 수는 없다. 모든 사람은 사람과의 관계 속에서 살아가고 있다.

노력은 인생을
변화시킨다

내 비장의 무기는 아직 손안에 있다.
그것은 희망이다.

‒ 나폴레옹 ‒

코로나19의 바이러스 감염증 우려로 환자의 확산을 줄이기 위해 사람과의 거리두기와 이동 제한을 고려해 추석 명절의 연휴 기간 받지 않았던 고속도로의 통행료도 정상적으로 요금을 받고 있었다.

부산에서 진주 시댁으로 명절을 보내기 위해 길을 나섰다. 고속도로를 이동하는 차들도 예전의 명절과는 달리 밀리지 않고 원활한 소통을 이루었고 휴게소에서도 붐비지 않는 한산한 분위기로 명절이라는 분위기가 와닿지 않았다. 그래도 가족 전체가 시골에 가고 있다는 마음에서인지

복잡한 도시를 벗어나 고속도로를 달리며 바라볼 수 있는 맑고 푸르른 하늘빛과 나무들이 우거진 산과, 노랗게 익어가는 들판에 곡식들을 바라보는 즐거움만으로도 행복한 미소가 지절로 지어졌다.

차 안에서는 가족 간의 그동안 못 해본 대화를 나누느라 서로의 말을 하기에 바쁜 대화의 광장이 펼쳐지며, 함박웃음 소리에 정겨운 나들잇길이 되어주었다. 가족은 서로의 공통점을 받아주고 이해하며 화합해 나가는 사랑의 굴레라는 것을 깨닫게 한다. 가족이 합심하여 어떤 일을 하고자 노력한다면 못 이룰 것이 없을 것이며 가족의 인생 또한 성공적인 인생으로 변화할 수 있다는 것을 확신할 수 있었다.

홀로 계신 시어머님은 우리 다섯 식구가 시골집에 들어서자, 내 강아지들이 왔다고 반가워하신다. 사람 사는 곳엔 사람이 북적북적해야 사람 사는 맛이 나신다며 삼형제 손자들을 어루만지시며 반가움에 싱글벙글 미소를 지으신다.

푸르른 하늘과 바라다보면 볼 수 있는 산의 경치와 언제나 볼 수 있는 들판의 곡식들을 한평생 보시며 살아오신 어머님은 자식 된 도리로 모시고 다 같이 살기를 원하지만 도시 생활을 갑갑해하셔서 모시고 오면 사흘도 채 지나지 않아 시골집에 가시기를 원하셨다.

거동도 불편하신 어머님을 위해서라면 하루라도 빨리 고향 집에서 어머니를 모시고 살아야 할 텐데 그렇게 하기까지는 남편이 퇴직하고 난 뒤라야 시골에 올 수 있다는 결론에 마음은 앞서가고, 어머님이 건강을 그때까지 잘 지켜나가실 수 있을지 걱정하는 마음만이 짙어만 간다.

추석날이 되어서도 코로나19의 여파로 고향을 찾아오는 사람도 드물었고 사람과의 거리두기로 집안 어른들을 찾아 인사를 드리러 오는 일도 제한이 되어서 명절 같지 않은 분위기였다. 가까운 친척들만이 소규모로 모여 조상들께 인사를 드리고 서로의 안부를 전하곤 했다.

남편의 사촌 형제분들께서 나의 첫 책을 보셨고 두 번째의 책이 예약 판매가 시작되었다는 것을 아시고 가문의 영광이라고 하시며 대단하다고 칭찬을 아끼지 않으셨다. 어떻게 책을 다 쓸 줄 아느냐고, 집안의 경사라고 하신다. 작은어머니께서는 우리 집안 며느리들은 똑똑한 며느리들이라고 하시며 집안에 학자가 탄생되었다고 축하한다는 말씀을 전해주신다. 네 부자를 건사하기도 힘들 텐데 일을 하면서 책까지 썼다고 대단한 며느리라며 칭찬을 해주셨다. 어떻게 책을 쓸 생각을 했느냐고 물으신다.

코로나19의 사태로 일하기도 힘들게 되었고 위기가 기회라는 생각을 하며, 이때를 놓치면 다시는 기회를 잡을 수가 없을 것 같아서 꿈으로만 간직하고 있었던 꿈을 펼쳐내었다고 했다.

시간은 없는 것이 아니라 만들어내는 것이 나의 시간으로 주어진다며, 그 시간을 놓치지 않고 자신이 할 수 있는 열정을 다하여 노력한 결과라고 했다.

작은 어머님은 노력의 대가는 반드시 따라온다고 하시며, 사람이 살아가면서 '내 이름 석 자'로 된 책을 썼다는 것이 대단한 일이라며 열심히 써서 베스트셀러 작가가 되라고 칭찬의 당부를 해주신다. 흐르는 시간을 무의미하게 흘려버리지 않고 내 것으로 만들어 노력한 결과로 내 인생을 위대한 작가의 인생으로 변화를 시켰다.

노력의 행동은 모든 결과물의 원인이다. 행동 없이는 어떤 결과물도 얻을 수 없다. 계획을 세우고 꾸준히 행동으로 옮기는 노력이 무언가를 시작했다는 것이다. 무언가의 새로운 일에 도전하는 행동을 시작했다고 해서 금방 삶이 변하지는 않는다.

삶의 변화란 지금까지 살아왔던 삶을 다른 방식의 삶으로 살아가는 것으로 인해서 오는 결과물이다. 삶을 변화시키기 위해 행동을 시작했다면 생각의 방향을 어떤 방향으로 행동해나갈 것인지 결정해야 한다.

삶의 방향을 바꾸기 위해서는 지금까지 살아오던 길에서 벗어나 전혀 다른 미래의 꿈꾸는, 삶의 방향에 맞추어 나아가야 한다. 작은 행동이 출발점을 시작했다면 자신의 가치관을 변화시키고 신념을 가지고 인생의 방향을 향해 노력해가는 것이다. 삶의 변화란 하나의 변화가 아닌 모든 것의 변화이다. 다이어트를 하루 했다고 해서 살이 원하는 만큼 빠지지 않는다. 꾸준한 노력이 모여서 성공을 이루어낸다. 그렇게 매일매일 어제와 다른 오늘의 노력이 있어야 하고 내일은 또 다른 노력을 하는 삶의 결과물이 모여서 인생을 변화시킨다.

우리는 100세까지 살 수 있는 고령화로 변해가는 세상에서 살고 있다. 기대 수명이 80세를 넘어가는 시대를 살고 있기에 제2, 제3의 인생을 살아갈 것에 대해 진지하게 준비를 해야 하는 자세가 절실히 필요한 시대이다. 우리 어머니의 시대처럼 사는 대로 살다가 노후를 맞이하는 삶은 자식들이 돌보지 않으면 요양원에서 삶의 마지막을 보내야 한다. 인생 절반을 살고도 노후 대책이라고 뚜렷이 해놓은 것이 없는 실정에 놓여 있다.

남은 절반의 인생을 더 살아야 한다면, 지금부터라도 살아왔던 방식에서 벗어나 다른 방식의 삶으로 미래에 남은 인생을 위해 부지런히 준비하는 자세의 삶을 살아가야 한다. 코로나19의 사태로 일할 수 있는 직장을 찾기엔 젊은 세대나, 중장년의 세대도 힘든 시점에 와 있다.

코로나 여파로 직업을 갖기 위해 더 많은 정보를 알아야 하고 절실한 노력이 필요한 시대가 되었다. 살아보지 않은 미래의 삶을 걱정하지 말고 살아갈 미래를 위해 계획을 하며 준비하는 삶을 살아가야 할 때다. 끊임없이 노력하는 자세의 행동이 인생의 변화다.

언제 지나간 세월이었는지 벌써 절반의 인생을 넘어서고 있다. 뒤돌아볼 새도 없이 참으로 빠르게 흘러간 시간이었다. 힘에 겨워 오르고 올라서 정상이 얼마 남지 않았는데 자신을 잊고 오르고 있는 모습을 보고 깜짝 놀라, 정신을 차리며 자신의 길을 가려 한다. 아무것도 이루어 놓은 것 없이 나도 어머니처럼 그냥 나이만 잔뜩 먹은 할머니로 남을까 봐 불안한 미래가 불현듯이 눈앞에 서성대고 있었다.

이대로 살다 갈 수는 없다는 생각이 들자, 내 이름 석 자를 기억해주는 사람이 있기를 바라는 마음으로 책을 쓰는 작가의 길을 가고 있다. 그냥 아무런 흔적 없이 육신의 세계를 떠난다는 것은 세상에 기적으로 태어난 인생이 무의미하지 않은가! 지구별에 온 이상, 하고 싶고, 갖고 싶고, 원하는 모든 것을 이루어내리라는 결심을 한다. 좀 더 일찍 삶의 방향을 정해 내 속에 있는 나로 살아볼 것을, 빨리 갈 수 있는 지름길로 갔더라면 쓸데없는 발품을 안 팔고도 짧은 시간에 목적지에 도착했을 것을, 미련스럽게 바보처럼 걸어왔기 때문에 이렇게 되었다. 그러나 우리 모두의 삶을 후회하기에 앞서 노력하는 삶으로 인생을 변화시키고 행복한 미래의 삶을 구축해나가야 한다. 그래서 오늘도 힘차게 걸어야 한다.

제2의
인생을 산다

목표는 구체적이어야 한다. 구체적인 목표가 없는 사람은
자신이 어떤 일을 해야 할지 또 어떻게 해야 할지 모른다.

– 지그 지글러 –

주어진 환경 속에서 기회를 찾으려 노력하고, 원하는 것을 이루고자
하는 뜨거운 열망을 갖고 삶을 바꿔나가야 한다. 작은 습관들과 작은 성
취를 반복한 실행을 통해서 자신의 인생을 변화시킨다. 경성대 산업협력
교수이자 대학생 금융동아리를 지도하는 이우용 교수는 은행 희망퇴직
후 새로운 인생을 만들고 있다.

그는 경성대 경영학과를 졸업 후, 1993년 1월에 국민은행에 입사해 25
년간 기업금융부서에서 근무하다가 2017년 1월 희망퇴직했다.

그 후 경성대 취업진로처 산학협력 교수로 재직하고 있다. 실제 기업에 종사했던 사람이 학생들에게 기업 실무를 가르쳐 주는 일을 하는 것이 산학협력 교수다.

그는 희망퇴직을 한 이유를 "나를 찾기 위해서!"라고 짧게 설명했다. 25년 동안 다람쥐 쳇바퀴 돌 듯 똑같은 일상을 보내며 직장 생활을 하다 보니 자신을 잃어버리다시피 했는데 자신이 좋아하는 것이 무엇인지 더 늦기 전에 찾아보려고 희망퇴직했다고 한다.

그는 제2의 인생을 어떻게 살 것인지 고민하다가 그동안 일하느라 하지 못한 운동을 하기로 작정하고 '등산'을 적극적으로 하기로 했다. 목표도 세웠다. '전국 100개 명산 완등하기.'

실적 압박 스트레스, 다크써클, 탈모 등 회사에서 느끼는 스트레스는 각종 흔적을 남겼다. 건강을 먼저 찾기 위해 시작한 등산, 그는 정말 100개 명산 완등에 성공했다.

그러다가 모교인 경성대에서 금융권 취업에 관심 있는 학생들을 지도하는 산학협력 교수 자리를 제안했다. 그렇게 그는 경성대 취업 진로처에서 운영하는 은행권 취업준비생들의 모임인 금융동아리 지도교수가 됐다.

우리나라 전체 인구에서 65세 이상 고령자가 차지하는 비율이 오는 2026년에는 우리나라 인구 5명 중 1명이 65세 이상 고령자로 '초고령사회'(65세 이상 인구 20% 이상)에 진입할 전망이라고 한다. 특히 올해부터 경제적 고도성장과 민주화 등 우리 사회를 주도했던 '베이비붐' 세대의 본격적인 은퇴가 시작되면서 노인 세대는 급격히 늘어날 것으로 예측될 것이라고 한다. 전체 인구의 14.6%에 이르는 712만 명 '베이비붐 세대'들이 본격적인 은퇴를 시작하면서 향후 우리 사회에서 소비와 여론 형성의 주체로 급부상할 것으로 전망된다고 한다. 우리 주변에는 젊어서 자식 뒷바라지 등을 하느라 노후 설계를 제대로 하지 못해 은퇴 후에 특별한 일이 없이 소일거리로 여생을 보내는 노인 세대를 흔히 볼 수 있다.

자녀가 부모를 책임지는 시대는 이미 끝났다고 한다. 자녀들에게 의지하기보다는 스스로 '당당한' 삶을 추구하는 제2의 인생 설계를 해나가야 한다. 노인 세대분들은 젊은 층 부부 세대들이 자신들의 노후 문제보다 자녀 교육비 등 지출에 얽매이고 있는 것을 지적하면서 "노후 설계는 젊었을 때부터 미리미리 준비해야 한다."라고 충고했다. 자녀들 뒷바라지에 전념하면서 노후 설계에 소홀했던 일부 노인 세대들은 은퇴 이후에도 생활비 마련을 위한 일자리 구하기에 나서야 하는 게 현실이기 때문이다.

06

작가인 내가
즐거운 이유

지금 당신이 서 있는 곳은 당신의 생각이 이끌어준 곳이다.
내일도 당신은 당신의 생각이 이끄는 곳에 서 있을 것이다.

– 제임스 앨런 –

"산은 산에게 주고 강은 강에게 주었으면 나팔은 나팔수에게 주고 파리 목숨은 파리에게 주었으면 그리고 나머지 것들도 다 찾아간 다음 나도 내게 주었으면 방울 소리 방울에서 나고 파도 소리 파도에서 나듯 나도 내 소리 내 봤으면"

시인 이생진의 '산에 오는 이유' 중에 나온 말이다.

'우리의 마음은 밭이다. 그 안에는 기쁨, 사랑, 즐거움, 희망과 같은 긍정의 씨앗이 있는가 하면 미움, 절망, 좌절, 시기, 두려움 등과 같은 부정의 씨앗도 있다. 어떤 씨앗에 물을 주어 꽃을 피울지는 자신의 의지에 달렸다.' 베트남 출신의 승려 틱낫한의 말이다.

우리는 자신이 생각하는 대로 살아가는 삶을 살고 있다. 그 삶들을 즐거운 날들로 살아가기 위해 주어진 오늘에 최선을 다하며 내일을 설계하는 오늘을 살아간다. 누구나 똑같이 주어진 시간 속에서 살아가는 삶이지만 다람쥐 쳇바퀴 돌 듯이 그날그날을 변함없는 일상으로 보내는 사람이 있는가 하면 가지고 있는 꿈으로 목표를 설정하여 매일매일 조금씩 발전해 나아가는 성공자들이 있다. 성공한 사람들은 단 하루도 무의미한 날들로 보내지 않는다. 목표를 향해 나아가는 과정에서 필요한 사람들을 만나고 목적이 있는 대화를 나누며 항상 성공으로 가는 길에 대해 생각하고 행동으로 옮기는 삶을 실천해나가는 하루하루를 보낸다. 그렇게 최선을 다하며 살아온 하루하루가 모여 성공을 이루어낸 삶을 살아간다.

아무런 의미 없이 뚜렷한 목표 없이 이대로 살다가 가기엔 한 번 왔다 가는 인생이 아깝지 않은가? 예전에 나의 삶을 사는 방식도 사는 대로 그날그날을 일에 허덕이며 반복적인 생활의 패턴으로 살아왔다. 결국에 남은 것은 고생한 탓으로 건강에 무리만을 남긴 세월의 흔적뿐이었다. 뚜렷한 목표를 가지고 사는 삶은, 살아가는 방식부터가 달라진다. 모든 것은 생각하기에 달려 있다. 희망을 품고 누구라도 긍정의 씨앗을 심고 정성스레 가꾸어나가며 성공의 꽃을 피워나가야 한다.

예전에 내가 살아왔던 사는 대로의 삶 속에서는 진정한 삶의 의미를 모르고 살아왔다. 그냥 시간이 흐르는 대로 주어진 현실에 맞추어 사는 것이 최선을 다하는 삶이라고 생각했다. 목적이 없는 삶을 열심히 일만 하며 살아야 한다는 마음으로 살아왔다고 해야 맞는 말일 것이다.

직장에서 돌아오면 집안일에 하루를 보내는 그날그날의 반복하는 삶이었다. 무엇을 할 것이라는 개념을 갖지 않고 앞에 놓인 현실적인 삶의 테두리에서만 살아왔을 뿐이었다. 자신의 의식을 깨우지 못하고, 나아가는 새로운 삶을 생각조차 안 했던 것이었다. 그러던 날들 속에서 일순간 자신을 찾아 자신이 원했던 책을 쓰는 일에 도전하게 되었다. 할 수 있다는 생각만으로 나를 바꾸어놓게 된 것이었다. 무의미한 인생으로 이대로 사는 대로 살다가 갈 수는 없다는 생각이 자신을 일으켜 세웠다. 그렇게 작가로의 즐거운 제2의 인생을 살아가고 있다.

사람은 누구라도 즐거운 삶을 살기를 원할 것이다. 직장 생활을 하면서 아침에 잠에서 깨어나기가 무섭게 출근 준비를 하며, 가기 싫은 직장을 가야 한다는 생각으로 아침부터 보이지 않는 사슬에 얽매여 하루를 시작해야 했다. 그랬던 일상들이 원하는 작가의 길을 가면서부터 스트레스받지 않는 즐거운 일상을 보내게 되었다.

인생 절반을 넘어서 자신이 원했던 꿈을 향해 가는 길이, 한 꼭지의 글을 쓰고 나면 다음 꼭지의 제목에 대해 구상을 하고, 문장을 채워 넣을 사례들을 찾으며, 항상 책 속에서 상상의 나래를 펴고, 상상의 세상에서 살아가고 있다. 이 모든 책 쓰기의 과정이 자신을 흥분시키고 A4 용지를 채워나갈 때마다 성취감을 느끼며 한 발 한 발 나아가는 과정에서 발전해나가는 자신을 키워나가고 있다. 가장 하고 싶었던 일을 하게 되면서 삶의 보람을 느끼게 됐고 하루하루의 노력 결과로 한 권의 책이 완성될 때 뿌듯한 성취감을 얻는다. 사람은 어떤 일이든 자신이 원하는 일을 이루어 나갈 때 자신만이 가지고 있는 능력을 발휘할 수 있다. 꿈으로 간직했던 작가의 길이 현실에 와닿게 되었다. 작가인 나로 살아가는 삶이 즐거움을 주고 있다.

07

나를 찾기 위해
수십 년을 흘려보냈다

자신을 한계 짓지 마라. 많은 이들이 자신이 할 수 있는 바에 대해 한계를 정한다.
당신은 당신의 마음이 정하는 만큼 갈 수 있다. 당신이 믿는 것, 당신은 그걸 성취할 수 있다.

— 메리 케이 애시 —

우리가 세상을 살아가면서 자신을 위해서 살기보다는 타인의 기준에 맞추며 살아간다고 해도 과언이 아닐 것이다. 내가 나를 위해, 내 인생을 사는 것이 내가 사는 이유라고 말할 수 있는 것이 아닐까? 나 자신을 모르고 상대방의 평가에 연연하느라 진정한 자신의 본연의 모습을 잊고 살아왔던 방식으로 수십 년의 세월을 보냈다.

많은 사람이 세상의 기준에 자신을 맞추며 살아가지만, 자신에게 기대하는 사람은 자신에게 스스로 헌신하고, 스스로 좋아지도록 노력하고 스스로 즐겁게 살려고 노력한다. 지금부터라도 용기를 내어 삶 속에 자신이 주인이 되어 미래에 후회를 남기지 않는 삶을 살도록 해야 한다.

사는 대로 살아왔던 삶 속에서 주어지는 현실에 최선을 다하여 열심히 살아가는 방법이 자신이 살아야 할 삶의 길이라고 여기며 살아왔다. 오랜 세월이 지난 후에 자신을 돌아보니 들판에 세워진 허수아비와 같은 텅 빈, 가슴으로 나를 잊고 살아왔다는 것을 깨닫게 됐다. 아무것도 시작할 수 없는 단계에 이르게 되면 자신을 원망할 것만 같은 생각이 들자, 이렇게 살다가는 되돌릴 수 없는 나이가 되었을 때 떠올린 자신의 모습이 암담해서 생각조차 하기 싫었다. 내가 아닌 나로 살아온 삶에서 벗어나 진정한 나를 찾아 나의 위주의 삶의 길을 가기 위해 오늘도, 내일도 고군분투한다.

고난과 시련이 반복되는 상태의 삶 속에서 시련을 벗어나기 위해 고된 나날을 보내며, 나를 찾아 원하는 삶의 길을 생각조차 못 하고 살았다. 자신을 돌아보고 생각할 줄 아는 지혜로움을 좀 더 일찍 깨달았더라면 이렇게 멀리까지 오도록 세월을 낭비하지 않았을 것이다.

나이는 성공에 중요하지 않다고 하지만, 10년 정도만 일찍 나를 찾아 꿈을 펼쳤더라면 10년을 앞당겨 성공하고, 10년을 더 빨리 여유로운 인생을 살아갈 수 있었을 것 아닌가? 열심히만 살면 되는 줄 알았던 안이한 생각이 삶의 방향이 내가 아닌 나로 살아온 삶이었다.

　늦었다고 할 때가 가장 빠른 시작이라고 한다. 조금은 늦은 시작점이지만 자신이 할 수 있다는 굳은 신념을 가지고 조금씩 나아가는 제2의 새로운 삶을 멋지게 설계해보고자 한다. 누구나 '시작이 반이다.'라고 말하듯이 시작을 하면 다음 단계가 있고, 또 이어 그다음 단계가 있다. 꿈이 있고 원하는 것이 있다면 지금 당장 행동에 옮기고 실천하며 시작할 때, 꿈을 향한 새로운 인생을 맞이하게 될 것이다. 인생 절반을 넘긴 시점에서 꿈꿔왔던 것을 실천에 옮기며 어느새 꿈이 이루어져 실현된 삶에서 더, 큰 꿈을 향해 나아가고 있다. 진정한 나를 찾아가는 길이다 보니 자신도 놀랄 만큼 빠르게 의욕이 앞서나가며 진보해나가는 자신을 느낀다.

　진정한 나를 찾고 스스로 성장해나가는 데 나이는 중요한 문제가 안 된다.

　코로나19로 공연이 어려운 시절이 되어버렸는데, 가수 나훈아는 추석 연휴 방송계를 휩쓸었다. 그는 한국 나이로 74세다. 다른 어떤 방송도 맞서지 못했다. 〈대한민국 어게인 나훈아〉 콘서트로 15년 만에 시청자들 앞에 섰다는 그는 압도적인 존재감을 나타냈다. 그야말로 최고의 공연이었다.

그동안의 히트곡 모음과 새로 준비한 신곡을 함께 선보이며 최고 29%라는 경이적인 시청률을 기록했다.

그는 "여러분, 정말 우리에게는 영웅들이 있습니다. 이 코로나 때문에 이렇게 난리를 칠 때 우리 의사분, 또 간호사 여러분들 그 외에 의료진 여러분들이 우리의 영웅입니다."라고 말하기도 했다. 또 "우리 국민이 세계 1등 국민이다. 긍지를 가져도 된다. 분명히 코로나를 이겨낼 수 있다."라며 국민을 위로하고 응원했다.

원로가수로 분류될 나이에 최고 시청률을 기록했다는 것 자체가 놀라운 일이다. 그의 열정이 아직도 뜨거움을 보여주는 무대였다. 그에게 나이는 중요한 것이 아니었다. 계속 국민을 위해 뜨거운 공연을 이어가주기를 기원한다.

대한민국 1세대 철학자 김형석 교수는 올해로 만 100세다. 김 교수는 지금도 선 채로 긴 시간의 강연을 한다. 아직도 1년에 160회가 넘는 강연을 소화한다고 한다. 그는 날마다 성장하는 인생이 오랫동안 행복을 준다고 강조한다. 신체는 노화하더라도 정신세계는 언제까지고 성장할 수 있다는 것이 그의 지론이다.

100세의 나이에도 활발하게 활동하는 노 철학자의 모습은 미래를 100세 시대를 바라보며 제 2의 인생을 살아야만 하는 우리 모두에게 시사하는 바가 크다.

나도 이런 분들의 열정을 가슴에 품고 수십 년의 세월이 흐른 뒤에도 나를 찾아가는 길에 주저앉지 않고 끊임없이 노력하는 자세로 당당한 나의 미래를 설계해나가려고 한다.

5 장

늦었지만
나는
시작한다

01

인생은 끊임없이
시도하는 것이다

살아남은 존재는 가장 강한 종도, 가장 지능이 높은 종도 아니다.
변화에 가장 잘 적응하는 종일 뿐이다.

− 찰스 다윈 −

나폴레옹은 "나의 사전에 불가능이란 없다."라고 말했다.

무슨 일이든 최선을 다 해보지 않고 할 수 없다고 결론을 내려버린다
면 스스로 자기의 한계를 일찌감치 그어놓고 사는 게 편할 수도 있다고
생각하기 때문이다. 세상에는 꿈을 갖는 것 자체를 포기하는 사람도 많
지만, 더 많은 사람이 몇 번의 시도 끝에 중도에 포기하고야 만다. 성공
한 사람들이 들려주는 성공담에 하나 중, 포기는 성공의 앞 단계에서 부
딪히는 관문 중 하나의 통례라고 한다. 성공을 간절히 원한다면 죽을힘

을 다해서 끊임없이 도전장을 시도하라고 한다.

"미리 포기하지 말고 시도해보라!"이 말을 내 인생의 좌우명으로 삼으며 끊임없는 도전에 대해서 또다시 생각하는 시간을 가져본다. 우리의 삶 자체가 무언가를 끊임없이 시도하며 살아가는 인생길이라는 생각이 든다. "두드리면 열린다."라는 옛 속담처럼 기회는 시도하며 준비된 사람에게만 찾아온다는 것을 되새겨 본다.

앞으로 살아갈 삶에 대해 생각하며 원하는 삶을 구상하고, 목표를 설정하며 어떻게 이루어 나갈 것인지 자신의 내면에 아이와 대화를 한다. 세월은 쉬지 않고 흘러간다. 3년, 5년, 10년은 잠깐이면 눈앞에 도달한다. 시간이 멈추지 않고 흐르는 만큼 우리도 변화를 이루기 위해 쉴 새 없이 시도해야 한다. 10년 전에는 생각조차 할 수 없었던 사회 흐름의 문화들이 이해하기도 힘들게 변화되고 있다. 젊은이들은 문제없이 소통할 수 있지만, 늦깎이 세대들은 스마트폰의 새로운 기능마저도 사용 방법을 몰라 사용을 하기 위해 시도조차 하지도 않는 예가 많다.

자기계발을 하지 않고 스스로 배우려 하지 않는다면 지각이 늦춰지는 사람으로 밀려나게 된다. 삶을 살아가고 있는 자신이 그 삶의 주인공이라는 사실을 기억해야 한다. 우리는 모두 하루하루를 살아간다. 하루하루가 쌓여 한 달이 되고, 한 달이 모여서 한 해가 되고, 한 해가 쌓이고 쌓여서 일생이 된다. 어제는 이미 지나간 날이다. 과거 속에 사라진 시간이며, 내일은 아직 오지 않았다. 살아가고 있는 오늘이 가장 소중한 것이다. 우리는 매일을 충실하고 보람있게 정성스럽게, 열심히 살아야 한다.

미국의 존슨 대통령은 사람을 채용할 때 분명한 기준이 있었다. 그는 너무 빨리 출세한 사람과 실패를 경험하지 않은 사람은 채용을 꺼렸다. 그 이유는 너무 쉽게 출세한 사람은 독선적이기 쉬우며 실패의 경험이 없는 사람은 남의 아픔을 이해하지 못한다는 생각 때문이었다.

인류의 밝은 역사는 대부분 실패와 고통을 먹고 탄생했다. 미국에서 사회복지법이 만들어진 것은 대공황이 극에 달하던 1935년이었다.

말은 맨몸으로 달릴 때보다 등에 적당한 짐을 실을 때 더욱 빨리 달린다. 사람도 적당한 시련을 만날 때 인생의 가속이 붙는다. 시련은 바람과 같다. 바람은 배를 전복시키기도 하지만 반대로 배를 움직이는 원동력이 된다. 실패도 소중한 자산이다. 오늘의 고난이 결국 감사의 씨앗일 수도 있다. 사람들은 가끔 인생의 날카로운 가시에 통증을 느끼지만, 그것으로 인해 잠든 잠재의식을 일깨워 준다.

"삶은 운명에 맡기고 따라가는 것이 아니라 개척하며 살아가는 법을 가르친다."라고 톨스토이는 말했다. 우리 주위에도 운명에 붙들려 꼼짝 못 하고 주저앉는 사람들이 허다하다. 세상이 어수선할 때일수록 더욱 그러하다. 어떤 위기에서도 올바른 자세로 운명을 개척해가는 위대한 힘이 새로운 인생을 끊임없이 시도할 수 있게 된다.

사람은 세상을 살아가면서 사람과의 관계 속에서 어떤 일이든 이루어가며 살고 있다. 사람과의 관계가 감정에 결핍되지 않고 서로에게 원만한 소통이 이루어져야 서로에게 부담감을 느끼지 않고, 벽이 생기지 않으며 원할한 관계를 유지해갈 수 있는 그것으로 생각한다. 남편의 형님이 갑작스러운 불치병으로 가누기 힘든 아픈 몸으로 병원을 오가고 할 때 남편의 형님 집과 가까이에 살고 계시는 아이들의 고모님 내외분이 가장 많이 도움의 손길을 베푸셨다. 먼 거리에 살고 있어 제대로 형님을 돌보지 못해, 남편이 해야 할 일을 고모부님은 형님을 업어서 차에 옮겨 주시고 수시로 먼 거리에 있는 병원까지 들려서 보살펴 주시며 세상을 떠나가시는 날까지 고모부님과 고모님은 형님 곁을 지켜주셨다.

형님이 돌아가시고 난 뒤의 처리 절차도 남편이 할 일을 고모님이 두 달 가까이 여러 곳을 다니며 모든 수습 절차를 다 밟으셨다. 형님과 한동네에서 살고 계셨기에 형님이 살아계실 때 가끔 만나 식사와 술자리도 나누시며 이야기도 주고받던 터라서 고모님 내외분은 형님이 돌아가신 뒤의 상처가 커서 누구보다 크게 상심을 하셨다. 그럼에도 감사하다고, 고생 많으셨다고, 따뜻한 말 한마디 제대로 못 해드리고 오랜 세월을 흘려보냈다. 마음속으로만 감사하고 안쓰럽게 지니고 있었을 뿐이었다. 찾아뵈러 가야 한다는 생각을 지닌 채 차일피일 미루며 무거운 마음에 짐을 지고 살아가는 삶의 무게는 보이지 않는 커다란 바위를 가슴에 끌어안고 살아가는 것과 같은 큰 빚을 지고 있다는 고통을 주었다.

그렇게 세월을 보내던 중, 추석의 연휴의 기간에 무슨 일이 있으면 뒤로 미루고 가족이 다 함께 고모님 내외분을 찾아뵈러 가게 되었다. 성인이 된 삼형제와 다 같이 시간을 맞추기란 미리미리 예고 통보를 해도 서로의 바쁜 일정으로 가족이 다 같이 행동에 옮기기가 쉽지가 않았다. 꼭 찾아뵈러 가야 한다고 말했던 대로 한마디, 변명도 하지 않고 따라나서 주는 아이들에게 고마운 마음이 들었다. 그동안 아빠, 엄마가 풀지 못한 숙제를 아는 듯 선뜻 응해주는 아이들이 새삼 다 컸구나, 하는 대견함을 느끼게 한다.

거봉 포도와 단감을 사서 고모님 댁에 들어서니 내외분이 반갑게 맞이해 주셨다. 오랜만에 만나 뵙는 고모부님과 고모님은 예전에 그대로의, 서로의 안부를 전하며 그동안 마음에 짐이 눈 녹듯이 한순간에 사라져버리고 화기애애한 분위기 속에 정겨움을 나눴다. 이래서 피는 통한다고 하는 말이 일컬어지는 것인가를 깨닫게 한다. 마음에 짐을 진 채로, 여전히 살아간다면 보이지 않는 커다란 벽이 생겨서 점점 더 두껍게 쌓여 갈 것이다. 남매지간이 아니고 남들과의 관계에서도 서로에게 벽이 생기면 시간을 오래 두지 말고 그때그때 풀어나갈 수 있도록 누구라도 먼저 시도를 해야 한다. 말없이 행동에 옮기지 않으면 스스로 짐을 지고 살아가게 된다. 사람은 누구라도 인생은 끊임없이 시도하는 것이다.

02

책을 쓴다는 것은
최고의 행복이다

꿈은 그 사람의
위대함을 보여 주는 지표다.

— 제이녹 라비노비츠 —

기억을 더듬어 보니 글쓰기에 매력을 느끼게 된 동기가 어렴풋이 초등학교 시절 방학 숙제로 글짓기의 과제가 있었던 것이 떠올랐다. 내 초등학교 시절에는 방학을 맞이하면 방학 동안에 해야 할 방학 과제가 제법 많았던 것으로 기억이 난다. 방학 기간 실컷 놀다가 방학을 며칠을 남겨 놓고 끝나갈 무렵이 되면 그때서야 미뤘던 과제물을 하기에 바쁘게 움직였던 것 같다.

몇 날 며칠을 미뤄뒀던 일기도 한목에 몰아서 써야 했고 최고의 걱정

되는 과제가 글짓기였던 것으로 기억을 한다. 5학년 여름방학의 숙제였던 글짓기로 우수상을 받기도 했다. 그때도 어려운 가정 형편으로 엄마가 장사를 마치고 집에 오시기 전에 저녁밥을 해놔야 했다. 언니가 세상을 떠나고 난 뒤 언니의 자리는 어렸던 나의 차지가 되었다. 서투른 솜씨로 엄마가 돌아오시기 전까지 여동생을 돌보며 집안 살림을 했었다. 그런 가정 환경에서 지냈던 상황을 글짓기로 써내고 선생님께서 읽어보라는 말씀으로 읽다가, 글의 내용이 슬퍼서 울었던 생각이 난다. 그때 선생님께서는 나의 어깨를 다독이시며 감동을 주는 내용이라고 하시며 참 잘 썼다고 칭찬해 주셨다.

초등학교 고학년 때에는 방학 숙제로 일기와 독후감, 글짓기 등에서 주로 상장을 빼놓지 않고 받았었다. 웅변 원고까지 쓰기도 했다. 그때의 선생님께서는 글을 잘 쓴다고 항상 칭찬을 빠지지 않고 해주셨다. 그렇게 시작됐던 나의 글쓰기는 세상 풍파에 묻히면서 수십 년이 흐른 뒤에 찾아내어 이어갈 수 있게 되었다. 오랜 세월 나의 가슴속 어딘가에 소리 없이 숨죽이고 있다가 이제야 펼쳐낼 수 있게 된 것이다. 막연하게 언젠가는 책을 쓰겠다는 꿈만을 간직하고 있었던 것으로 생각하고 있었는데 기억하고 있는 저 멀리에 나의 글쓰기는 어려서부터 소망으로 간직하고 있었던 것이었다. 누가 알았겠는가? 수십 년이 흐른 뒤에 이렇게 책을 쓰고 있을 줄을…. 책을 쓴다는 것은 최고의 행복이다. 꿈을 꾸면 이루어진다는 것을 확신할 수 있었다.

　자신을 믿고 끝내 꿈을 쟁취한 위대한 작가 헤르만 헤세는 자신의 책
에서 다음과 같이 말했다.

　"사람은 거북이처럼 철저하게 자기 자신 속으로 기어들어갈 수 있어야
해."
　"사람의 진정한 직업은 자신에게 가는 길을 찾는 것이다."

　MBN 〈동치미〉 프로그램에 김홍신 소설가가 나왔다. 마음을 울리는
감동의 글 "겪어보면 안다…."라는 내용을 직접 낭독해주셨다.

　"굶어보면 안다, 밥이 하늘인 걸.
　목마름에 지쳐보면 안다, 물이 생명인 걸.
　일이 없어 놀아보면 안다, 일터가 낙원인 걸.
　아파보면 안다, 건강이 엄청나게 큰 재산인 걸.
　잃은 뒤에 안다, 그것이 참 소중한 걸.
　이별하면 안다, 그이가 천사인 걸.
　지나 보면 안다, 고통이 추억인 걸.
　불행해지면 안다. 아주 작은 게 행복인 걸.

죽음이 닥치면 안다, 내가 세상의 주인인 걸."

그러면서 "여러분이 이 세상의 주인이니까, 주인처럼 세상을 끌고 가
셔야 합니다."라고 하며 세상의 주체가 되어 열심히 살아가야 한다고 말
했다.

언제나 자신이 좋아하는 일, 할 가능성이 있는 일을 해야 한다. 할 수
있다는 가능성이 있는 일을 하다 보면 불가능해 보이는 일에도 접근할
가능성을 가질 수 있게 된다. 불가능할 것 같아 시도조차 안 했던 일들도
싫어하는 것을 빨리 해치우는 노력으로 좋아하는 것을 하기 위한 시간
을 마련하게 된다. 하기 싫지만 해야 하는 일들을 빨리하는 노력으로 시
간을 벌게 된다. 이렇게 반복적인 생활의 습관을 통해서 불가능했던 일
에도 접근할 수 있고 점차적으로 해낼 수 있게 된다. 무슨 일이든 지치지
않게 계속적으로 진행해 나가는, 이런 방법이 성공한 사람들은 비결이
됐다고 한다. 책을 쓸 때도 시작이 중요하다. 뚜렷한 정답이 없으므로 부
담감도 적게 든다. 시작하는 습관을 갖는 것이 중요한 관점이라는 생각
을 하게 된다.

인생이 물들어가는 늦가을의 문턱에 이르러서야 나는 진정으로 자신
이 원했던 공부를 시작했다. 자신의 행복보다 가족의 행복이 우선이었고
늘 가정 경제에 신경을 써야 했고, 내 어깨에 얹힌 삶의 무게에 짓눌려

자신에 대해 생각조차 해볼 여유도 없이 살아왔다. 생각해보면 보장되어 있지도 않은 불완전한 미래를 위해 희생하면서 살아왔다. 살아오면서 가장 행복했던 때가 언제였는지 기억도 할 수 없었는데 지금, 이 순간 원했던 책 쓰기 공부를 하면서 제일 행복하다는 것을 느끼게 한다.

매일 행복과 성장을 공유하며 함께 살아가기 위한 책을 쓰려 한다. 자신의 내면과 대화할 수 있는 최고의 방법이 책 쓰기였다. 책을 쓰기 시작하면서 자신의 인생을 설계할 수 있었고 책으로 인해 삶의 변화와 작은 성공을 이루게 되었다. 책을 쓰기 위해서, 자신만의 시간을 갖기 위해 활력있는 생활로 주어진 시간을 최선을 다해 집중하며 인생의 목적과 방향을 찾아 중요한 가치 있는 삶을 살게 되었다. 책을 쓰면서 자신에 대해 강한 믿음이 생겼고 인생의 주인공으로 살며 책을 쓰는 시간이 최고의 행복한 시간이 되었다.

개그우먼 장도연은 자신의 마음속엔 굉장히 선한 마음이 있으며, 남들도 자기를 착한 사람으로 봐줬으면 하는 미음으로 늘 습관적으로 '난 괜찮아.'라고 말하면서 34년을 살았다고 한다. 그러다 '어쩌다 어른'이라는 강연 프로그램을 듣고 자신의 감정이 남들 눈치 보느라 솔직하지 못한 것이었고 자기 자신을 많이 불편하게 만들었다는 걸 알게 되었다고 한다. 결국, 자신이 '착한아이 콤플렉스'에 안 좋게 빠져 강박을 받고 있었었다는 걸 깨달았다고 한다.

많은 사람이 착하게 살기 위해 노력하고 있다. 착한 사람이 되려는 노력은 절대 나쁜 게 아니다. 문제는 자신을 희생하면서까지 타인을 배려하고, 착한 사람이 되기 위해 애를 쓴다는 것이다. 남에게 '착한 아이'가 되지 못한다고 우울해하거나 불행에 빠질 필요는 없는데도 말이다.

가톨릭 영성 심리상담소 소장인 홍성남 신부는 마음이 건강해지기 위해서 착한 척을 그만둬야 한다고 한다. 수많은 사람의 마음을 치료해오며 그가 깨달은 최고의 치료법이다. 그는 타인의 기대 때문에 결정된 행복은 빈 껍데기일 뿐이며, 스스로 행복해지려는 방법을 찾아야 한다고 말했다.

작가 장 폴은 "인생은 한 권의 책과 같다."라고 했다. 이제는 타인을 위해 마음에서 우러나오지 않는 위선으로 착한 척을 하며 포장을 입힌 삶을 살지 않는다. 우리는 살고있는 하루하루를 인생의 책을 쓰고 있다. 한 권의 책을 쓸 때마다 살아온 인생을 정돈하며 세상에 나를 브랜딩하고 있다. 책을 쓰고 출간을 할 때면 뿌듯한 성취감을 느끼게 되고 책을 쓸수록 더 쓰고 싶어지며 인생을 행복하게 만들어 준다. 자신이 원하고, 좋아하는 일을 할 수 있다는 것은 정말 행운이며 행복한 일이다. 타인으로 비롯된 일이 아닌 자신이 선택한 작가의 길을 가면서 후회를 해본 적은 없다. 책을 쓰면서 더욱더 삶이 풍요로워졌고 마음에서 오는 모든 것들이 안정적이고 평화롭게 변화됐다. 집중해서 책을 쓸 때 진정한 행복을 느끼며 자신만이 누릴 수 있는 놀이 공간이 된다. 책을 쓴다는 것은 최고의 행복이다.

03

이제야 즐거운
삶을 살게 되었다

성공할 것이라 믿어라,
그러면 성공할 것이다.

– 데일 카네기 –

20년 가까이 일을 손에서 떼어놓지를 못하고 살아왔었다. 나에게 삶이
란 베짱이처럼 쉴새 없이 일하며 다람쥐 쳇바퀴 돌듯이 제자리걸음 속에
서 반복이, 일상의 생활을 해나가는, 일을 목적으로 둔 사람의, 사시사철
일만 하는 일꾼에 불과한 삶의 연속이었다.

이어지는 식당 일을 하며, 외출을 나왔다가 들려서 음식을 먹으러 오
는 대부분 손님에게 음식을 만들어주는 태도에서 볼 때 많은 사람이 집
밥을 먹지 않고 밖에서 음식을 사 먹는 것으로, 끼니를 해결하는 것처럼

느껴졌다. 연휴 때나 주말이면 손님이 밀어닥쳐 정해진 시간에 밥을 먹을 수도 없어서 일하면서 바쁜 틈 속에서 선 채로 배고픔만을 면할 만치 끼니를 때우곤했었다.

먹고 살려고 돈을 버는 것이 아니라 살기 위해 돈을 버는 것이라고 해야 맞는 말인 것처럼 살았다. 그렇게 보내고 있던 어느 순간 이대로 언제까지 일만 하는 사람으로 살다가는 자신의 인생이 억울하다는 생각이 들기 시작했다. 나를 찾아야 한다는 생각이 들자 마음이 바빠지면서 일이 손에 잡히지를 않았다. 새로운 다른 무엇을 전혀 생각해보지 않았던 탓으로 가족에게도 말 한마디 못하고 혼자서만 가슴앓이를 하고 있었다. 이대로 사는 대로 살다가 갈 수는 없었기 때문이다. "찾으면 찾을 수 있다"라는 말에 간절한 믿음을 가지고 있었다.

다급한 마음으로 제2의 인생 2막의 길을 찾던 중 우연인지, 필연인지 가슴속에 간직하고 있었던 책을 쓰기 위해 절차를 밟아가는 기회를 얻을 수 있었다. 고정적인 정식 직원에서 책을 쓰는 과정의 공부를 하기 위해 아르바이트 직원으로 바꾸어 가며 모든 생각과 행동을 책을 쓰는 일에만 집중을 했다. 책 쓰기 과정의 공부를 하기 위해서는 소형 자동차 한 대 값의 수업료가 필요했다. 생각했던 예상의 수업료보다 너무나 큰돈의, 수업료였지만 큰돈을 지불하는 것이 아까워 여기서 포기한다면 두 번 다시는 기회를 찾지 못할 것 같았다.

20년 가까이 고생했던 나에게 보너스를 선물한다는 생각으로 책을 쓰기 위한 과정의 수업료를 지급했다. '힘들게 고생해서 벌어놓은 돈을 자신을 위해 쓴다는 것이 과연 옳은 일일까.' 하는 망설임이 들기도 했지만, 인생에 단 한 번 주어진 기회를 놓칠 수가 없었다. 눈 딱 감고 자신만의 제2의 인생의 미래를 위해 3개월 정도만 책 쓰기에 도전해보기로 했다. 그렇게 결심을 하고 무작정 책을 읽기 시작했고 책 쓰기 과정의 공부에 집중하며 새로운 자신의 제2의 인생을 책을 쓰는 작가의 길을 가게 되었다.

살아온 경험담으로 전반적인 내용을 부랴부랴 써냈던 첫 책이 출간되고 난 뒤, 커다란 성취감 뒤에 무언가 부족했던 첫 책에 대해 보충해야겠다는 아쉬움에서 두 번째의 책을 쓰고, 출간하게 되었다. 책을 한 권 써내고 나니, 또다시 책에 대한 미련이 남아 계속 책을 써나가는 새로운 삶의 길이 되어주었다. 20년 가까이 일을 해왔던 일상에서 일주일만 일자리를 잃고 일을 안 하면 당장 굶어 죽을 것도 아닌데, 불안한 마음으로 종일 일자리를 찾아 동분서주했던 자신의 모습도 책을 쓰는 일로 몰두하다 보니 어느샌가 내 안에서 사라져가고 평안함 속에서 가장 하고 싶었던 책을 쓰면서 자유로운 영혼의 소유자가 되어, 최상의 선택을 한 작가의 길을 남은 미래의 제2의 인생의 재테크로 삼으며, 조금은 늦은 나이가 되어서야, 가장 바랐던 즐거운 삶을 살게 되는 결과를 가져왔다. 내가 안정된 삶을 찾게 되자 가족 전체가 평화로운 가정의 분위기 속에서 화기애애한 화합을 이루며 행복한 삶을 살게 된 동기부여를 가져왔다.

이 책을 읽는 독자분들께 자신이 원하고, 가장 하고 싶은 것을 향해 주저하지 말고 하루라도 빨리 도전하기를 권유한다. 진정으로 자신이 원하는, 가장 하고 싶은 것을 하는 것이 참된 자신을 위한 삶의 길이라고 생각을 한다. 우물쭈물 망설이다가는 세월은 쉴 틈 없이 흐르고 결국엔 의미 없이 사는 대로 살다가는 삶이 되어버리게 된다. 세상에 한 번 왔다가는 인생에서 그냥저냥 사는 대로의 의미 없는 삶을 살다 가기엔 각자에게 주어진 인생이 아깝지 않은가?

오늘 지금, 이 순간을 놓치지 말고 인생의 주인공으로 살아가기를 바란다. 자신이 원하는 일을 시작하기에 첫 단계에서 두려움을 가져오지만 일단 시작을 하고 나면 또 다른 방향의 길을 헤쳐나갈 수 있는 길이 열리게 된다. 자신을 믿는 믿음을 가지고, 포기하지 않고, 간절한 마음으로 열망하며 집중과 노력을 더 한다면 이루고자 하는 목표물에 도달하게 될 것이다. 자신이 원하는 삶을 살아갈 때 진정한 삶의 즐거움을 만끽하게 된다.

예전에는 중년을 넘긴 분들에게 건강 정보나 죽음, 노화를 성찰하는 책이 많았다면 요즘은 패션, 힐링의 생활 방식 등 중년의 삶 자체에 주목하는 책이 많다. 그만큼 삶의 활력이 많을 그뿐만 아니라, 아직도 살날이 많은 세대라는 뜻이다. 멋진 중, 장년 시대를 추구한다는 제2의, 제3의 인생을 바라본다고 한다.

『나이 들수록 인생이 점점 재밌어지네요』를 펴낸 와카미야 마사코는 84세로 세계 최고령 앱 개발자다. 82세인 2017년 노인용 아이폰 게임 앱을 개발했다. 같은 해 일본 정부가 꾸린 '인생 100세 시대 구상 회의'의 최고령 멤버도 됐다.

괴테의 말이 다시금 떠오른다.

"청춘도 언젠가는 나이가 든다. 관대해지려면 나이를 먹으면 된다. 그 어떤 잘못을 봐도 모두 자신이 저지를 뻔했던 것이기 때문에 용서할 수 있게 된다."

젊음이 있기에 꿈을 향해 나아갈 수 있고 실패하고, 넘어져도 용서가 된다. 젊은 시절은 꿈처럼 빠르게 흘러간다. 가장 중요한 시간을 소중히 여기고 자신이 소원하는 것, 이루고 싶은 꿈을 향해 죽을힘을 다해 매달려보라. 하루라도 빨리 성공하여 젊음으로 즐거운 인생을 살아야 하지 않겠는가?

더 나은 미래와 활기차게 노후를 대비할 수 있고 자신 있는 삶을 살아 가기 위해서는 자신이 원하고 즐겁게 임할 수 있는, 자신의 성향에 맞는 일을 해야 한다. 그렇게 할 때 비로소 참다운 인생을 살아가는 것이 될 것이며 자신이 원하는 삶의 길이 곧 가족이 함께 행복한 가정으로 화목 을 이루어가게 될 것이다.

나이가 들어서도 나이가 듦을 자연스럽게 받아들이며 젊은이들보다 더 열심히 자기 개발에 힘쓰며 당당하고 멋진 삶을 펼쳐내며 일약 스타 가 되어 활기찬 활동을 하며 즐겁게 살아가시는 주인공들이 있다. 어떤 일이든 나이가 많거나 스펙이 없어도 할 수 있다는 자신감이 인생의 초 점이 된다. 내가 만약 사는 대로의 삶 속에서 벗어나지 않았더라면, 지금 의 모든 것에 여유롭고 자신감 넘치는 삶은 내 것이 아니었을 것이다. 나 를 찾은 선택의 길이 이제야 즐거운 삶을 살게 되는 결과를 가져 왔다.

가장 나답고
멋진 제2의 인생

생각이 바뀌면 행동이 바뀌고, 행동이 바뀌면 습관이 바뀌고,
습관이 바뀌면 인격이 바뀌고, 인격이 바뀌면 운명까지도 바뀐다.

– 윌리엄 제임스 –

공교육이 살려 면에 대해 교육 희망네트워크에서는, "공부 잘하기 아닌 삶 잘 살게 하는 교육 바람직"–'서울 국제교육포럼'을 지상 중계했다.

"공부가 아니라 삶" 독일의 행복 교육.

독일의 에른스 틀 프리츠 슈베르트, 행복 수업 연구소장은 2000년부터 지난해 정년퇴직 때까지 하이델베르크의 빌리 헬파흐 학교 교장을 지냈다. 이 학교에서는 2007년부터 '행복'을 교과목으로 채택해 수업을 진행

하고 있다. 이 학교는 2년 과정의 직업 학교와 인문계 학교인 김나지움에 이 수업을 도입했다. 김나지움에서는 대입에 반영되는 내신 과목으로 선정하기도 했다. 독일 내에서도 '행복'을 교과목으로 지정했을 때 주위에서는 우려가 컸다. 하지만 이 학교의 성과를 보고 이제는 독일은 물론 오스트리아까지 100곳 이상의 학교에서 행복 교과를 가르치고 있다. 이 같은 행복 교육은 단지 '행복을 가르치고 배운다.'라는 차원을 넘어선다.

독일에도 교육 소외 계층이 존재하는데 이들 가정의 자녀들에게는 즐거운 학교생활이나 성공적인 직업 생활을 할 기회가 다른 아이들에 비해 적게 주어진다. 행복 교육은 바로 이런 아이들에게도 삶과 공부의 의미를 발견하고 목표를 세울 수 있도록 도와주는 차원에서 설계된 것이다. 모든 아이는 각자 특성을 보이며 이를 잘 발견하고 목표를 세울 수 있도록 도와주는 차원에서 설계된 것이다. 모든 아이는 각자 특성을 보이며 이를 잘 발견하고 끄집어내도록 도와주는 그것이 행복 교과의 목표다. 대부분의 나라에서 교육의 목표가 돼 버린 '공부 잘하는 아이'가 아니라 삶을 잘 사는 어른이 될 수 있도록 도와주는 교육이 바로 행복 교육이다. 행복 교육을 통해 학생들이 행복감을 많이 느끼고 있었다고 말했다.

공부가 우선이 되어가고 있는 사회의 통념 속에서 공부를 잘하는 아이보다 주어진 삶을 긍정의 심리를 가지고 잘 살 수 있는 어른이 되도록 도움을 줄 수 있는 행복의 교육이 참된 교육이라는 생각이 든다. 사람이 살아가는 삶의 원천은 행복한 삶을 살아가는 것이 모든 사람이 바라는 삶이기 때문이다. 가장 나 다운 삶을 살아가는 것이 최고의 행복이며 멋진 인생이라고 말할 수 있지 않을까?

중년을 넘게 인생을 살아온 내가 삶을 돌아봤을 때 나답게 살아온 날들이 과연 있었던가? 싶을 정도로 삶을 자신의 것으로 살아오지 않았던 세월을 보냈다. 하지만 나를 잊고 사는 삶들을 살아왔지만, 누구나 자신이 원하는 삶을 살아가기란 말처럼 쉬운 이야기는 아니다. 그러나 그런 삶 속에서도 자신의 삶을 살아가기 위한 눈을 떠야 한다. 하루라도 빨리 더 늦기 전에 자신이 원하고, 하고 싶은 것을 하며, 살아갈 수 있는 길을 찾아야 한다. 차일피일 생각 없이 사는 대로의 삶을 살게 되면 어느 순간 돌이킬 수 없는 세월의 문턱에 이르게 된다. 이대로 사는 삶 속에서 미래의 삶을 구체적으로 생각을 해보지 않고 살다 보니 아무것도 이루어 놓은 것 없이 중년을 훌쩍 넘어가는 많은 세월을 흘려 버렸다는 것을 깨닫게 했다.

100세 시대를 살면서 아직도 살아가야 할 날들은 통계적으로 본다 해도 몇십 년은 더 남아있다. 무얼 하면서 남은 삶을 살아갈 것인지에 대해 생각하며 준비를 젊어서부터 해두어도 모자란다고 하는데, 눈앞에 놓인 현실에서 미래의 삶을 바라보지 못하고 그날그날을 생각 없이 주어지는 날들의, 삶을 살아왔다. 생각을 바꿔 행동에 옮기는 삶을 살아야 한다. 생각이 바뀌면 얼마든지 미래의 삶을 구축할 행동을 하게 된다. 행동으로 실천하는 삶들이 곧이어 습관이 될 것이고 바뀐 습관의 생활을 하다 보면 그 사람의 인격 또한 바뀌게 된다.

그렇게 인격이 바뀌면 앞으로 나아갈 수 있는 또 다른 삶의 길로 새로운 인생의 운명까지도 바꿔 놓게 된다. 가장 나답고 멋진 제2의 인생을 맞이할 수 있게 되는 생각으로 이끌어갈 삶을 살아가야 한다.

"크고 다양한 힘을 지니고 있으면서도 끊임없이 낮은 곳으로 흐르고, 형태를 바꿔 가면서 잠시도 고이지 않는 물처럼 살면서 발전하는 사람이 되어라."

50년 가까이 성실한 배움으로 유니참을 일본의 어머니와 여성들로부터 가장 사랑받는 기업으로 성장시킨 다카하라 게이치로가 들려주는 말이다. 그는 물의 다양한 모습을 통해 배울 수 있다면 바람직한 삶에 가까워질 것이라고 말한다.

우리가 살아가고 있는 인생사도 흐르는 물과 같다는 생각을 한다. 또한 흘러가는 시간처럼 움직이며 살아간다. 움직이다 멈추게 되면 처음 얼마간은 편안하고 달콤한 휴식을 만끽하게 된다. 그러다 시일이 길어지면 점점 백수라는 본인의 모습에 불안감이 휩싸여오게 된다. 불안한 감정들이 여러 날 반복되고 이를 지나면 어느 사이 기회를 틈 타서 자신도 모르게 나태 지옥에 빠져서 헤어나오기가 힘들어진다.

더 좋은 일자리를 갖게 될 것이라고 희망했던 자신감은 사라진 지 오래고 잠자리에 붙박이가 되어 금쪽 같은 시간을 쉼 없이 흘려보내며 자신도 모르게 고인 물에 갇힌 신세가 되어버린다. 오늘 지나고, 내일이면 행동에 옮길 거라는 생각은 생각으로 끝나고, 하루하루를 속절없이 흘려보내게 된다.

나의 앞날을 인도해줄 사람은 오직 자신의 몫이다. 스스로 헤쳐나가지 않는다면 나태 지옥의 달콤한 나락에서 벗어나지 못할 것이다. 누구라도 살아오면서 겪어봤을 것이라는 생각을 한다. 지금 당장 그 자리를 털고 일어나라고 말하고 싶다. 어떤 일이든 찾아서 내 것으로 만들어 삶에 꼭 필요한 사람으로 자리매김을 해나가야 한다.

세상에 태어났다는 자체만으로도 가장 귀한 존재라고 한다. 더구나 아름답고 대단한 대한민국의 한 사람이지 않은가? 가슴속에 잠든 욕망을 깨워 성장하고 발전해가는 삶으로 발돋움해야 한다. 내가 아직도 직장을 다니며 새로운 길에 도전하지 않았더라면 현재나 다가올 미래에도 아무런 의미도 없이 주어지는 세월대로 살아가고 있을 것이다.

이대로 살다 갈 수는 없다는 생각으로 부랴부랴 내가 원했던 작가의 길을 가게 되었고 가장 나답고 멋진 제2의 인생을 살게 되었다.

나에게 주어진 제2의 삶에서 뒤처지지 않고 성장해나가는 삶을 살아가기 위해 단 하루도 의미 없는 시간을 보내지 않고, 조금씩 발전을 해나가는 삶을 만들어가고 있다. 이루고자 하는 목표를 눈앞에 보이도록 해놓고 지속해서 생각하면 생각이 자라나게 되고 열매를 맺게 된다고 한다. 계속 눈앞에 보이는 목표를 인지하게 되고, 행동으로 이어져서 이 자체만으로도 어마어마한 힘을 갖게 된다.

성공은 간단한 행동 원리에 따라서 자신을 전혀 다른 세계로 움직이며 상승시킨다. 각자의 인생에는 살아갈 삶의 이유가 있다. 미래가 시작되는 순간은 바로 지금이다. 가장 나답고 멋진 제2의 인생을 살기 위해 노력하는 삶을 살아가야 한다.

내가 성공해야
가족이 행복하다

긍정적인 태도를 선택하고 감사하는 태도를 갖는 것이
당신이 당신의 인생을 어떻게 살아갈 것인가를 결정한다.

– 조엘 오스틴 –

가까운 거리에 있어서 자주 들리다 보니 알게 된, 음식점의 사장님 내외분의 이야기다. 집안 대대로 이어져 오는 오래된 전통으로 국수를 전문적으로 팔고 있는 식당의 사장님 내외분은 70을 바라보는 나이가 무색할 만치 정정하신 모습으로 식당일을 도맡아 하시며 항상 미소를 띠시며 손님을 맞이해 주신다. 젊은 사람 못지않은 건강을 지켜온 비결을 물으니, 바깥 사장님은 운동을 따로 할 필요가 없다고 하신다.

새벽 5시가 되기 전에 가게에 나오셔서 커다란 육수통에 국수에 없어서는 안 되는, 육수를 직접 끓여 놓으시고, 먼지 하나 없이 깔끔하게 주방 청소를 해놓으시며, 일하시는 분들이 출근해서 바로 손님에게 음식을 대접할 수 있도록 만반의 준비태세를 갖추어 놓으신다고 한다. 그렇게 손님 맞을 준비까지 마무리해놓고 직접 작은 트럭으로 농수산물 시장에 가서 장사에 필요한 식자재 물품을 사 오시기까지 하신다고 했다. 이렇게 반복되는 생활의 리듬 속에서 긴장하고 식당일에 몰두하며 살다 보니 시간이 없어서 아파할 새도, 없으시다고 하시며 호탕하게 웃음을 지으신다.

슬하에 두 아들을 두고 있는 사장님은 두 아들이 그리 멀지 않는 곳에서 부모님에게 물려받은 음식 솜씨로 2호점, 3호점의 전통의 맛을 살려 똑같은 국수 전문의 식당을 부모님께 전수한 대로 운영을 하며 성업을 이루고 있다고 한다. 사장님 내외분도 부모님께서 하셨던 국수 전문 식당에서, 젊은 시절부터 부모님을 도와드리기 위해 일했던 식당을 물려받게 되었고, 지금까지도 부모님께서 하셨던 전통 방식 그대로의 음식 맛을 지켜 가기 위해 노력한다고 한다.

그렇게 변함없이 이어져 온 날들의 보람을 주는 것은 두 아들이 똑같이 음식 맛을 전수하여 각자의 자리매김을 이루어가고 있는 것으로 삶을 살아온 성공의 결과물이라고 했다. 두 아들은 사장님 내외분이 나이도 많으시고, 건강에도 무리가 온다고 이제는 식당 운영에서 손을 떼고 남은 노후 생활을 즐기며 사시기를 바라며 쉬시라고 권유를 하지만 평생을 두고 해오던 일을 그만두면 할 일이 없어서 살아가는 낙이 없게 되면, 금방이라도 늙어버릴 것 같아서 일을 손에서 놓을 수가 없다고 하신다.

이렇게 사장님 내외분은 손, 발을 맞추며 식당 운영으로 벌어들이는 이익금을 두 아들을 여러모로 도와주는 데 쓰기도 하지만 나이 들어서도 할 일이 있고 돈을 항상 벌 수 있다는 위치에 있는 것이 가족에게 행복한 여건을 만들어 주며 부족함 없는 삶을 살 수 있어서 뿌듯하고 가장 행복한 사람으로 살아가신다며 편안한 미소를 띠신다. 그러시면서 남기는 말씀이 사람으로 태어나 저세상으로 돌아가는 날까지, 움직이며 일을 하다가 가는 것이 사람답게 살다 가는 길이라는 말씀을 남겨주셨다.

맞는 말씀이다. 젊어서나, 나이가 들어서도 할 일이 있으면 활력 있는 삶을 살아가지만 할 일이 없게 되면 의미 없는 삶으로 금쪽같은 시간을 소일해 버리게 된다. 사람들은 꿈을 크게 가지라고 말한다. 꿈을 크게 가질수록 꿈을 이루어가는 방향의 길을 가게 된다. 어차피 살다가는 인생에서 기왕이면 큰 꿈을 가지고, 그 꿈을 이루어가는 목적으로 포기하지 않는 삶을 살아간다면 노력하는 만큼 결실을 보게 될 것이며 내가 성공해야 가족 또한 행복한 삶을 살게 될 것이다.

살아가는 삶이 너무도 고단해서 젖먹이였던 막내아들을 어린이집에 강제로 맡겨 놓고, 떨어지지 않으려고 발버둥치며 울어대는 아이에게서 벗어나 흐르는 눈물을 머금으며, 바쁜 걸음으로 직장을 가곤 했다. 그렇게 어려운 환경 속에서 자라온 탓인지, 아니면 항상 근검절약하는 부모의 모습을 보고 자라온 탓인지, 유난히도 막내아들은 돈에 대한 경제 관념을 강하게 가지고 있다. 일주일의 계획표를 세워놓고 씀씀이에 한치도 어긋나지 않게 돈 관리를 한다.

돈 관리뿐 아니라 입고 벗고 하는 옷들이며, 주변의 모든 정리를 각을 잡아서 정리해 놓는다. 형들이 옷가지를 흩트려 놓으면 "형, 아는 군대에 다시 다녀와야겠다."라고 말한다. 그러면 위에 형들은 "우리 집이 군대의 일 소대냐?"면서 깔끔한 체를 한다고 면박을 준다.

성인이 된 삼형제 아이들 나름대로 자신들만의 재산을 축적해놓고 있다. 누가 시켜서 이루어놓은 것이 아니다. 어려서부터 가난한 환경 속에서 부모가 절약하며 살아온 모습이 산 교육이 되었던 것이라고 본다. 늘 아이들에게 해줬던 말이, "돈은 있을 때 아끼고 저축을 해놓아야 한다."라는 말이었다. 모든 것을 정리 정돈을 잘하고 밥을 먹을 때도 밥이나, 국물 있는 국도 티 하나 없이 깔끔하게 먹는다.

형제간에도 의리 하나는 큼직이 여기는지 사고는 발생됐는데 아무도 사고를 친 사람은 모른다. 변명 아닌 변명을 의리로 지켜낸다. 힘든 시련의 날들을 잘 버텨냈다고 생각했는데 자신도 모르는 사이에 아이들은 일찍이 철이 들었고 가난한 환경 속에서 부모의 삶을 거울삼아 튼튼하게 자리매김을 해나가는 아이들이 대견하고 감사할 따름이다. 이만큼 살아온 것 또한 성공한 삶이라고 생각이 든다.

꿈을 이루고자 하는 목적이 있는 삶이 성공을 이루어낸다. 오랜 세월 일을 하며 살았을 때를 생각해보면 확고한 꿈이 없었으며 어떤 목표를 설정해 놓고 살아가는 삶이 아니었다. 그날그날의 늘 변함 없이 살아왔던 방식대로 주어지는 현실에 처한 삶을 그대로 살아왔을 뿐, 자신의 삶을 작가가 되어야겠다는 확고한 목표를 세워놓고, 난 뒤의 삶의 모습은 예전에 생각 없이 살았던 삶의 방식과는 완전히 다른 삶으로 변화되어갔다. 그렇게 자기 생각이 바뀌자 가족이 바라보는 나에 대한 시선도 다르게 바뀌었다.

하루의 절반 이상을 일하느라 집을 비워야 했던 엄마의 자리가. 일을 줄이며 책을 쓰기 위해 집에 있는 시간이 많아지자 여유의 시간이 생기면, 집 밖으로 나돌던 삼형제 아이들이 밖에서 돌아오자마자 '엄마'부터 찾으며, 집밥보다 밖에서 있는 시간이 많아, 밖에서 끼니를 해결하다시피했던 아이들이, 내가 '집에 있는 엄마'가 되자 엄마가 해주는 음식이 제일 맛있다며 집밥을 먹는 횟수가 자연스럽게 늘어갔다. 집에서 '엄마가 기다리고 있다.'라는 생각만으로도 행복하다고 한다. 어린 나이 때부터 어린이집에 강제로 떼어놓다시피 하면서 돈을 벌기 위해 아이들에게서 많은 시간을 같이 있어 주지 못해서인지 엄마인 내가 집에 있는 것만으로도 행복하다는 느낌을 받는다고 한다.

인생에 대해 어느 정도는 알게 된 시점이 되어서 책을 쓰게 되었지만, 책으로 옮겨놓을 수 없는 가슴앓이들은 한없이 많다. 가슴을 치며 후회해본들 되돌릴 수 없는, 나의 잘못된 삶에 상처는 아물지 못하고 가슴 깊은 곳에 꽁꽁 싸매어져 있게 되었고 영원히 숙명처럼 지고 가야 할 나의 운명의 삶에 거두지 못한 숙제로 남게 되었다.

그런 아픔을 견디기 위해 더욱 절실하게 책을 쓰는 것을 직업으로 선택했는지도 모른다. 간절함 속에서 한줄 한줄 마음에서 우러나오는 글들을 수를 놓듯이, 노트북의 키보드를 치며 벌써 세 번째의 책의 마무리를 해가고 있다. 이렇게 책을 한 권, 두 권 펴낼 때마다 자신보다 가족 모두가 더 행복해하며 존경받는 작가의 자리를 굳혀가고 있다. 책을 쓰는 엄마가 집에 있어 줘서 행복하고, 작가인 엄마의 아들이어서 뿌듯하고, 작가인 아내의 남편이라서 삶의 활력을 얻는다는 남편의 말에 고맙고 행복하다. 나의 성공이 가족 모두에게 행복을 선물로 얻게 되었다.

06

미래의 삶을
준비한다

미래를 예측하는 길은
미래를 창조하는 것.

– 피터 드리커 –

한화그룹 김승연 회장은 "준비되지 않은 자에게 위기는 혼란을 일으키지만, 준비된 자에게 위기는 미래를 창조하는 촉매가 된다."라며 "신종 코로나바이러스 감염증(코로나19) 사태로 촉발된 위기는 예고 없이 우리 앞에 다가왔지만, 그 해결의 방법은 이미 한화의 역사를 통해 다져진 혁신의 저력으로 우리 안에 준비됐다"라고 강조했다. 김 회장은 창립 68주년 기념사에서 "위기를 미래 창조의 촉매로 삼아 포스트 코로나를 주도하자"라는 내용의 메시지와 함께 '포스트 코로나', '디지털', '지속 가능'을 화두로 제시했다. 김 회장은 "그룹의 회장으로서 여러분과 함께 IMF 외

환위기, 글로벌 금융위기 등 수많은 위기를 겪었다"라며 "그러나 삶과 경제의 뿌리를 송두리째 흔드는 코로나 위기는 지금껏 경험해본 적 없는 전혀 새로운 위기"라고 했다.

이어 "이러한 위기는 우리에게 대전환을 요구하고 있다"라며 "대전환의 끝에 승자가 되기 위해 우리는 '미래를 예측하는 제일 나은 방법은 미래를 창조하는 것'이라는 신념으로 혁신을 넘어 창조의 역사를 만들어 가야 한다."라고 강조했다. 그리고 "모두가 움츠러드는 순간에도 우리는 미래를 그려나가며 우리의 모든 경영 활동이 전략에 기반한 창조의 과정이 돼야 한다."라고 말했다.

우리의 미래는 바로 자신의 삶에서 비롯된다. 현재를 살아가고 있는 삶 속에서 미래의 삶을 준비해나가는 자세로 살아가야 하고 준비되지 않은 미래의 삶은 혼란을 가져오게 되며 준비된 사람은 창조하는 미래의 삶을 설계해 나갈 것이다. 큰 기업의 미래를 다지는 저력도 미래를 예측하는 제일 나은 방법은 미래를 창조해 가는 것이라고 한다. 또한, 한 개인의 삶에서도 똑같은 방법으로 현실에서 준비하며 창조하는 미래의 삶을 구축해 나가야 한다. 모든 것은 자신에게 달려있다. 현재의 삶이 중요하다면 가보지 않은 미래의 삶을 예측하며 준비하는 삶에서, 더욱더 충만한 미래의 삶을 살아가게 될 것이라고 바라본다.

남은 미래의 세월만큼은 살아왔던 날들보다 더 풍요롭고, 자유로우며 즐겁고, 행복한 노후의 삶을 살아가야 하지 않겠는가? 미래는 예측하고 준비하는 자의 몫이라고 한다. '하늘은 스스로 돕는 자를 돕는다'라는 서양 격언처럼 미래도 스스로 준비하는 자에게 유리하게 작용될 수밖에 없다고 한다. 현재의 삶에 충실한 것도 중요하지만 미래에 삶에 대한 예측과 준비가 필요한 것이다.

지인의 아들은 중학교에 들어갈 무렵부터 랩 음악에 깊이 있게 관심을 두고 있었다. 학교생활은 뒷 전이고, 고등학교에 입학하고 난 뒤부터는 같은 취미를 가지고 있는 또래들과 어울려 매일같이 랩에 맞는 노래를 부르는 패턴의 생활이 일상이 되어가고 있었다. 그러던 날들을 지속해 가던 중 랩 음악을 오래 해오고 있던 선배의 추천으로 몇 명의 친구들과 합숙을 하며 본격적으로 랩에 맞는 노래로 치열할 정도로 죽을힘을 다해서 연습에 연습을 거듭해 나갔다.

"뜻이 있으면 길이 있다."라고 했듯이 중앙무대에 오를 수 있는 기회가 주어졌다. 오직 랩과 노래로 성공을 하겠다는 결심으로 명성을 이루기 위해 다섯 명의 인원이 한마음, 한 뜻, 한 몸이 되어 본선 무대에 오르기 위해 피나는 노력으로 쉼 없이 열정적인 연습을 통해 좋은 결과의 심사평을 얻게 되었고 랩 가수의 포상을 받았다.

우리 모두에게는 자신이 원하는 것은 무엇이든 이룰 수 있는 무한지성과 같은 존재인 잠재 의식이 존재한다. 그 잠재의식에 원하는 것을 각인시키면 되는 것이다. 또 한 한점의 두려움없이 해내고야 말겠다는 신념을 가져야 한다. 자신의 미래는 결국 자신이 준비하는 것이다.

가재산 '핸드폰책쓰기코칭협회' 회장은 코로나 이후 삶에 대해 인터뷰에서 "코로나19 위기는 미래를 준비하는 '삶의 쉼표'"라고 말했다.
'핸드폰책쓰기코칭협회'를 설립하게 된 배경은 우리나라 국민 중 60세를 넘는 노년층으로 가는 사람은 1,200만 명이 넘어가고 있는데 주위에서 보면 100세 시대에 많은 분이 무료하게 보내는 이들이 많은 것을 보고 '무언가를 하면서 건강하게 살면 얼마나 좋을까?' 하는 생각을 하다가 그것이 책 쓰기라는 생각을 하게 되었다고 했다.

"이 세상에서 가장 중요한 사람은 누구일까?"

답은 자기 자신이다. 자신이 이 세상에서 가장 중요한 사람이라는 사실을 기억해야 한다. 여러분의 한 사람, 한사람이 얼마나 중요하게 여기느냐에 따라 일어나는 일들이 결정된다. 스스로 '나는 중요한 사람이다.'라고 생각하는 사람이 되어야 한다. 자신을 중요하고 가치 있는 사람이라고 생각하며 끊임없이 가치 부여를 해야 미래를 준비해나갈 때 세상에서 흔들리지 않고 꿋꿋이 설 수 있다. 그러므로 지금부터 꾸준히 "나는 중요한 사람이다!"라고 외쳐야 한다.

새로운 삶을 시작했을 때 미래에 대한 두려움과 걱정 때문에 나의 몸에서 자긍심이 빠져나가는 것을 느낄 때가 많았다. 그럴 때마다 아침저녁으로 "나는 완벽하고 강하며 풍요롭고 중요한 존재다!"라는 말을 열 번, 스무 번, 백 번까지도 반복했다. 이처럼 삶에서 자신을 소중히 생각하는 마음가짐을 가지는 것이 중요하다. 자신을 소중히 여기게 되면 좋은 것을 보고 듣고 느끼며 좋은 생각을 많이 하게 된다. 자신의 내면이 가치 있는 것으로 가득할 때 자연스럽게 미래의 설계를 가치 높게 준비해나갈 수 있게 될 것이다.

꿈은 어느 날 갑자기 찾아올 수도 있지만 아주 천천히 다가오기도 한다. 이때 다가온 기회를 잡아야 한다. 그리고 미래를 향해 나아가는 절박함이 그 진가를 발휘할 수 있도록 한 곳을 향하여 나아가야 한다. 무슨 일이든 성취하려면 온 힘을 쏟아부어야 한다. 사람들이 미쳤다고 할 정도로 빠져들어야 한다.

어떤 꿈을 꾸든 상관없다. 여러분이 가진 모든 에너지를 쏟아부을 수 있는 꿈이면 된다. 이대로 살다 가지 않으려면 바로 지금 행동하고, 실천에 옮기기 위해 전부를 걸어야 한다. 그리할 때 미래를 준비하는 만족스러운 결과가 만들어진다. 꿈이 있다는 사실을 깨우쳤다면 이제는 스스로 일어서서 행동에 옮겨야 한다. 꿈이 자랄 수 있게 기반을 만들어주고, 살아가기에 전전긍긍했던 일에서 탈바꿈하여 미래를 준비하는 꿈을 돌볼 때가 된 것이다. 이루고자 하는 꿈이 정말 자신이 원하는 꿈인지, 다시 한 번 확인하고 확신이 섰다면 행동해야 한다. 꿈을 이루기 위한 간절한 마음의 시간과 노력을 투자해야 한다.

꿈을 가지고 있다는 것은 자신이 이룰 수 있는 가능성도 가지고 있다는 증거라고 본다. 꿈이란 가만히 두면 그냥 꿈일 뿐이다. 테두리 안에 가두어놓은 쓸모없는 꿈이 되어버린다. 지금 이 순간부터 꿈이 자랄 수 있게 초원으로 보내야 한다. 초원 위를 뛰어놀다 거친 비바람에 꿈이 깨지더라도 꿈에 맞는 터전은 꿈을 되살아나게 한다. 인생에서 꿈을 이루기 위해 무언가를 시작하기에 늦은 나이란 없다. 자신이 이루고 싶고 하고 싶은 꿈과 미래를 향한 목표가 있다면 나이는 아무런 문제가 되지 않는다. 나이를 핑계 대며 자신의 꿈을 접어 둔다면 다가올 미래의 삶을 준비하지 못해 사는 대로 의미도 없는 세월을 허비하게 된다.

삶이란 자기 생각과 말, 행동으로 만들어가는 자신의 창조물이다. 자신이 미래의 삶을 준비하는 뚜렷한 목표를 행동으로 실천할 때, 강한 확신을 갖게 되고 가치 있는 미래의 삶이 준비될 것이다.

젊은이들의 삶을 사회가 방치하게 되면 나라의 발전은 스스로 무너져 간다. 젊은이들의 삶을 일으켜 세워주는 방향의 길을 마련해주는 사회의 방침이 있게 되면 나라는 점차 부강한 나라로 발전해갈 것이다. 젊은 층의 세대가 활성화되어야 모든 사람의 삶 또한 전반적으로 활기 있는 삶을 살아갈 수 있게 된다고 한다. 올바른 삶을 살아갈 때 꿈은 저절로 따라오게 될 것이며 꿈 또한 반드시 이루어질 것이다.

미래의 삶은 곧 꿈이 이루어진 결과이다. 자신이 변화된 삶에서 미래의 삶을 창조해낼 수 있는 생각의 지혜를 얻을 수 있다. 변화된 습관의 행동과 긍정의 심리로 실천해나가는 삶 속에서 미래를 위한 삶의 준비를 해나가야 한다.

07

꿈이 있는
인생은 즐겁다

늘 명심하라. 성공하겠다는 너 자신의 결심이
다른 어떤 것보다 중요하다는 것을.

－ 에이브러햄 링컨 －

인생을 살아가는 주인공은 우리의 자신이다. 인생은 한 권의 장편 소설의 주인공으로 살아가고 있는 것이라고 말할 수 있다. 거친 세상 풍파의 세찬 비, 바람 속에서도 삶을 멈추지 않고 목적지에 닿으며 끝없이 달려가는 마라톤의 여정의 삶의 한 페이지씩 옮겨가며 우리가 사는 사계절에 비유하는 삶의 모습이 모든 사람의 삶의 과정이라고 본다.

씨앗을 뿌리고 열매를 맺기까지 기름진 옥토를 만들기 위해 거름을 주어가며 정성 들여 가꾸고 거친 비바람에 넘어질세라 보살핌의 손길로 결실을 보고 노력의 성과를 거두어내는 사계절에 일치하는 인생의 길을 가고 있다.

꿈이 없이 사는 사람들은 안주하는 삶 속에서 의미 없는 시간을 보내지만 꿈이 있는 사람들은 단 한 시간도 의미 없이 시간을 보내지 않는 삶을 살아간다. 그러고 보면 꿈도 없이 살아가는 사람은 꿈을 이루기 위해 여유 없는 시간을 보내는 사람에 비해 오히려 주어진 현실에 구애받지 않고 살아가는 시간만큼은, 우선의 삶은 편안한 삶을 살아가고 있을 것이다. 그러나 멀리 내다보는 미래의 삶에서는 꿈이 있는 사람과의 차이점은 따라갈 수 없는 커다란 차이점을 남기게 된다. 꿈이 있는 사람은 성공한 미래의 삶에서 충만한 평화와 자유를 즐기는 여유로운 삶을 살아가게 될 것이다.

김도사님은 그의 저서 『100억 부자의 생각의 비밀 필사 노트』에서 이렇게 말한다.

"책을 쓰는 일은 평범한 사람이 성공자로 인정받을 수 있는 최고의 수단이다. 우리가 흔히들 알고 있는 유명인들은 하나같이 책을 써서 자신의 이름을 알렸다. 이름이 유명해질수록 많은 기회를 누릴 수 있다. 그런 기회는 부와 명예를 끌어당기는 역할을 한다. 책 한 권을 써본 사람은 그

맛을 알기 때문에 계속 쓴다. 1년에 한두 권씩 꾸준히 책을 쓴다."

내 인생이 내 것인 줄 알고 살아왔지만 가정과 가족의 울타리를 지키기 위해 반복되는 일상은 내 것이 아닌 가족을 위해 버틴 몫의 삶을 살고 있었다. 순간, 너무도 긴 세월을 흘려보냈다는 생각이 들었다. 되돌릴 수 없는 지난 세월이 안타깝게 다가왔다. 한 번뿐인 인생을 가족의 눈치를 보며 버틴 몫으로 살아왔다면 또는 타인의 잣대에 맞추어 살아온 삶이라면, 이제는 자신을 위해 도전하는 삶을 살아야 할 때라고 자신을 북돋아 자신의 꿈을 이루어가야 한다.

살아오는 동안 시련과 역경이 반복되는 삶의 과정을 살아왔다. 한때 외식 업계에 뜻을 두고 투자를 하고 노력도 했지만 여러 면에서 부족했던 인내심 때문에 목전에서 포기해야 했다. 당시에는 최선을 다했다고 생각했지만 나 자신을 믿는 믿음이 약했기 때문에 두려움을 이겨내지 못했던 것이다. 돌이켜보면 있는 힘을 다해 죽을 만큼 노력하지 않고 포기했던 것 같다. 혹여나 다가올 시련과 역경에 미리 겁을 먹고 스스로 꼬리를 내렸던 결과였다. 이상과 반대되는 현실 속에 안주하고 싶은 마음이 컸던 탓으로 한계라는 변명을 스스로 만들었다.

한계라는 구차한 변명은 자신이 발전해나가는 데 절대적으로 떠올리지도 말아야 할 단어다. 누구나 성공으로 가는 길이 쉽지만은 않은 것이다. '이것이 아니면 끝이다.'라는 절박한 마음이 없다면 무슨 일이든 성공하기 힘들다.

성공한 사람에게는 성공을 해야 하는 이유가 두 가지 있다. 첫 번째는 현재 상태에서 벗어나야 한다는 절박함이다. 두 번째는 무슨 일이 있어도 반드시 달성해야 한다는 간절함이다. 이 두 가지가 없다면 성공하기 어렵다. 그런 사람은 꿈을 이루기 위한 결심을 실천하고 계속해서 노력할 필요가 없다고 생각하기 때문이다. 다시 말하면 해도 그만이고 안 해도 그만이기에, 죽을 만큼 노력을 하지 않는 것이다. 반드시 꿈을 이루고야 말겠다는 간절함으로 죽을 만큼 노력하지 않는다면 스스로 성공과는 거리가 멀어질 수밖에 없는 상황을 불러오게 된다.

이 과정에서 어떤 어려움이나 고난이 닥쳐온다 해도 한 치의 두려움도 갖지 말아야 한다. 나는 미래의 성공한 나를 만나기 위해 열심히 꿈을 펼쳐내며 미래를 향해 최선을 다해 달려가는 마라톤의 여정을 가고 있다. "유명한 베스트셀러작가가 됐다."라고 상상하며 미래의 성공한 모습을 만나게 될 것을 기대하며 최선을 다해 오늘을 살아간다.

우리는 세상을 살아가면서 주변 사람들과 부딪히는 온갖 일들을 경험해야 하고 헤쳐나가야 한다. 이때 남들이 쏟아내는 비판에 너무 민감하게 반응해 쓸데없이 에너지를 낭비하거나 인생을 포기하는 것은 어리석은 짓이다. 세상이 어떻게 생각하든 상관하지 않고 오직 자기의 꿈과 신념에 따른다면 쏟아지는 비판에 대해서도 여유롭게 대처할 수 있다. 사람과의 관계 속에서 살고 있지만 그래도 해야 할 일이 있다.

벌거벗은 몸 하나로 태어나 얼마나 많은 것을 얻고 살았는가? 세어보고 세어봐도 끝이 없을 만큼 많은 것을 얻었음에도 불구하고 더 많은 것을 얻기를 바라는 것이 나만의 이기적인 욕심일지 모르겠다. 그러나 욕심이 아닌 욕망이라고 말하고 싶다. 성공하고 싶고 부자가 되고 싶고 존경받고 인정받는 사람으로 제2의 인생을 살기 위해 꿈을 이루어나가며 미래의 행복한 삶을 준비해나갈 것이다.

먼 훗날 '나는 누구였지?' 한다면 때는 늦는다. 지금 이 순간부터라도 자신의 꿈과 목표를 가지고 미래의 나를 상상하면서 자신만이 낼 수 있는 색깔과 빛을 뽐으며, 자신만의 인생을 한 번 멋지게 살아보고자 해야 한다. 믿는 믿음이 있으면 그 어떤 두려움도 없다.

자신의 부정적인 생각과 말들이 그대로 현실이 되고 있다는 것을 알아야 한다. 자신이 가볍게 생각하고 내뱉은 말들이 습관화되면 자신의 능력조차 제대로 알지도 못한 채 무조건 '할 수 없다.' 또는 '되는 게 없어.' 라고 부정적으로만 생각하게 된다. 이로 인해 자신 안에 있는 무한한 잠재력조차 믿지 못한다. 답은 바로 '자신이 바뀌는 수밖에 없다.'라는 것을 겸허히 받아들이는 것이다. 그리고 자신을 바꾸기 위해서 가장 먼저 자신의 생각을 확고히 지배하려는 노력을 해야 한다.

'그동안 나는 무엇을 위해 지금껏 달려왔던 것일까?'
'왜 나는 50대에 들어서야 이런 질문을 하게 된 것일까?'

이 두 가지 질문에 답을 할 수 있어야지 앞으로 나아갈 수 있을 것이며, 자신의 꿈을 이루어가는 알찬 미래를 설계해나가게 될 것이다.

우리는 모두 자신이 원하는 것의 목표를 두고 실천 가능한 구체적인 행동을 하며, 반드시 이루어내겠다는 각오의 노력이 따를 때 발전해나갈 수 있으며, 성공에 이르는 성과의 결과를 얻게 된다. 또한 포기할 줄 모르는 굳은 신념은 꿈을 이루어갈 수 있는 희망을 준다.

목표가 있으면 성공의 지름길도 있게 마련이다. 계획해 놓은 목표를 꾸준히 실천해 나가는 것이 성공의 비결이 될 것이며, 우리의 삶의 목표를 향해 조금씩 나아가는 삶을 살아가야 한다.

이대로 살다 갈 수는 없잖은가? 꿈이 있고, 꿈을 이루어가는 과정의 삶이 인생을 살아가는 진정한 즐거움을 선물할 것이다.

"성공은 어느 한순간에 얻어지는 것이 아니다.
조금씩의 계획에 의해 완성되는 것이다."

– 프래터널 모니터

이대로 살다 갈 수는 없잖아

미래를
향한
힘찬 출발

세월은 쉴 새 없이 흘러서 어느새 겨울의 초입이다. 살아온 세월만큼 딱히 이루어놓았다고 내세울 만한 가치 있는 삶을 살아오지 못한 터다. 이제는 무언가를 이루어놓으려고 하는 목마름보다 100세 시대를 살아가면서 절반 정도 남은 미래의 삶을 맹목적인 의미 없는 삶으로 '이대로 살다 갈 수는 없다'라는 생각이 나를 부추기며 일으켜 세웠다.

20년 가까이 해왔던 직장생활이 코로나19의 여파로 일이 줄어들자, 삶을 영위해야 할 불안감이 몰려왔고 새로운 직업을 찾아야 했다. 그러나 불안한 사회 흐름에 직장생활을 계속 이어갈 수는 없다고 판단하며 이제는 정말 내가 가장 하고 싶었던 일을 내 미래의 남은 인생에서라도 이어갈 수 있는 책을 쓰기 위한 작가의 길을 선택했다.

삶의 선택의 결정권은 '나'아닌 다른 무엇에서도 찾지 않아야 진정한 선택을 할 수 있다. 중요한 선택은 평생이 아니라 영원을 좌우하는 선택이 될 수 있다.

인생을 살아가는 주인공은 우리 자신이다. 인생은 한 권의 장편 소설 주인공으로 살아가고 있다고 말할 수 있다. 거친 세상 풍파의 세찬 비바람 속에서도 삶을 멈추지 않고 목적지에 닿으며 끝없이 달려가는 마라톤의 여정이 우리가 사는 삶이다.

코로나19의 위기 속에서 꿈을 이룰 기회를 얻었다. 이 기회를 놓치면 두 번 다시 내 삶에서 기회는 오지 않을 것 같았다. 가보지 않은 새로운 길에 대한 두려움이 앞서기도 했지만 마지막 도전이라고 다짐을 하며 꼭 이루어낼 것이라는 결심을 했다. 남들이 했다면 나도 해낼 것이라는 자신감을 느끼며 최선을 다한 결과로 위기 속에서 만난 기회는 나에게 작가의 타이틀을 선사해주었다.

뜻이 있으면 길 또한 있다. 노력에 대해 대가는 반드시 따라온다. 그냥 주어지는 값이란 없다고 본다. 성공은 자신의 노력 여하에 따라 이루어진다. 꿈이 있는 사람은 꿈을 이룰 수 있는 열정도 지니고 있다. 이루고자 하는 꿈이 있는 한 새로운 인생을 창조해낼 수 있을 것이다.

사람들은 누구나 익숙해진 가던 길을 가기를 원한다. 그러나 하는 일이 세월이 지나도 비전 없이 제자리걸음일 때는 더 늦기 전에 자기계발에 눈을 뜨고 방향을 바꾸어나갈 줄도 알아야 한다.

"이대로 살다 가기엔 기적으로 태어난 인생이 아깝지 않은가?"

길 끝에는 또 다른 길이 준비되어 있다. 자신을 믿고 자신에게 가장 잘 어울리는 방향의 길도 가볼 줄 아는 의식과 지혜가 꼭 필요하다.

책을 쓰기 시작하여 세 번째 책을 쓰다 보니 일상에서 주어지는 시간들을 의미 없이 허투루 보낼 수가 없게 되었다. 책을 쓰기 시작하면서 시간의 소중함을 절실히 느꼈다.

이제는 항상 책과 함께하는 일상이 행복한 삶의 과정이 되었다. 내 책이 많은 독자분들이 용기와 희망을 품고 동기부여를 받으며, 목표를 세우고 의미와 가치 있는 삶으로 살아가기 위해 힘찬 출발을 하는 데 도움이 될 수 있기를 바란다. 온 마음을 담아 행복을 전해 드리고자 한다.